Il a été imprimé de cet ouvrage :

20 exemplaires sur papier de Chine, numérotés de 1 à 20 ;

30 exemplaires sur papier de Hollande, numérotés de 21 à 50 ;

1 150 exemplaires sur papier pur fil des papeteries Lafuma, dont 1 100 numérotés de 51 à 1 150, et 50 sans numéro, non mis dans le commerce.

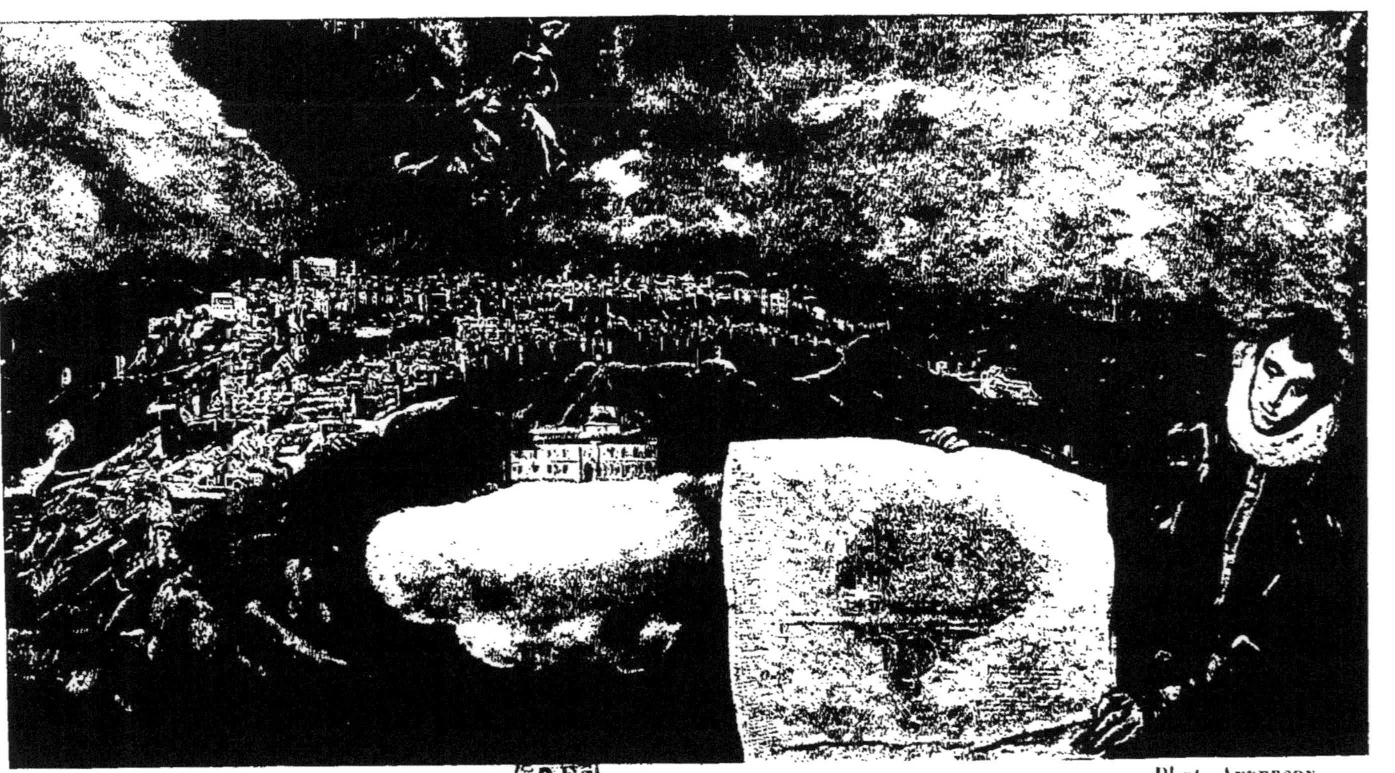

Phot. ANDERSON.

VUE DE TOLÈDE

GRECO

OU

LE SECRET DE TOLÈDE

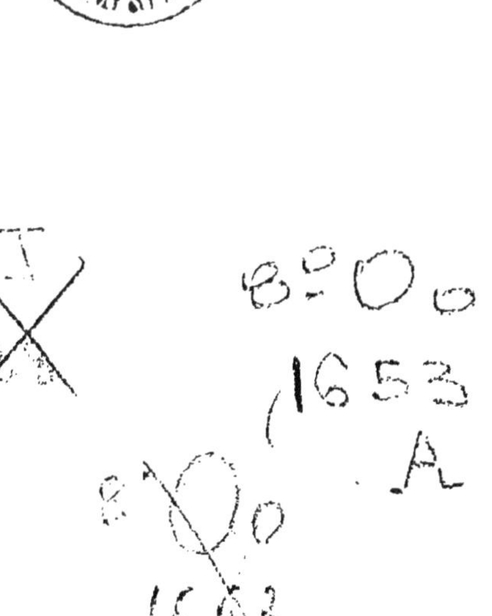

DU MÊME AUTEUR, CHEZ LE MÊME ÉDITEUR

DANS LA SÉRIE DES ŒUVRES COMPLÈTES

Édition in-8° écu limitée à 1150 *exemplaires numérotés*
20 *exemplaires sur papier de Chine;*
30 *exemplaires sur papier de Hollande;*
1100 *exemplaires sur papier pur fil.*

Souvenirs d'un officier de la Grande Armée... 1 vol.
Sous l'œil des barbares........ 1 vol.
Un Homme libre........ 1 vol.
Le Jardin de Bérénice........ 1 vol.
Les Déracinés........ 2 vol.
Le Génie du Rhin........ 1 vol.
Du Sang, de la Volupté et de la Mort........ 1 vol.
Amori et Dolori sacrum........ 1 vol.
La Colline inspirée........ 1 vol.
Un Jardin sur l'Oronte........ 1 vol.
Le Voyage de Sparte........ 1 vol.
Colette Baudoche........ 1 vol.
Au service de l'Allemagne........ 1 vol.

Chronique de la Grande Guerre.

I. (1er fév.-4 oct. 1914)....	1 vol.	VII. (12 déc. 1915-9 av. 1916).	1 vol.
II. (14 oct.-31 déc. 1914)..	1 vol.	VIII. (11 av.-24 août 1916)...	1 vol.
III. (1er janv.-11 mars 1915).	1 vol.	IX. (3 sep. 1916-28 juin 1917)	1 vol.
IV. (12 mars-31 mai 1915)..	1 vol.	X. (1er juill.-1er déc. 1917)..	1 vol.
V. (1er juin-24 août 1915)..	1 vol.	XI. (2 déc. 1917-23 av. 1918)	1 vol.
VI. (25 août-11 déc. 1915)..	1 vol.	XII. (24 avril-7 août 1918)..	1 vol.

EN PRÉPARATION :

Chronique de la Grande Guerre. XIII........ 1 vol.
La Grande Pitié des laboratoires de France... 1 vol.

DANS L'ÉDITION IN-16 DOUBLE COURONNE

sur papier ordinaire

Souvenirs d'un officier de la Grande Armée. 1 vol. — **Sous l'œil des barbares.** 1 vol. — **Un Homme libre.** 1 vol. — **Le Jardin de Bérénice.** 1 vol. — **Les Déracinés.** 1 vol. — **Le Génie du Rhin.** 1 vol. — **Du Sang, de la Volupté et de la Mort.** 1 vol. — **Amori et Dolori sacrum.** 1 vol. — **La Colline inspirée.** 1 vol. — **Un Jardin sur l'Oronte.** 1 vol. — **Le Voyage de Sparte.** 1 vol. — **Colette Baudoche.** 1 vol. — **Au service de l'Allemagne.** 1 vol. — **L'Angoisse de Pascal.** 1 vol. — **Dante, Pascal et Renan.** 1 vol. — **Une Enquête aux pays du Levant.** 2 vol.

Faut-il autoriser les congrégations?

Les Frères des Écoles chrétiennes. | Les Missionnaires du Levant.
Les Pères blancs. | Les Franciscains.

En préparation :

Les Missionnaires africains de Lyon.

(Cinq brochures.)

Ce volume a été déposé au ministère de l'intérieur en 1923.

MAURICE BARRÈS

DE L'ACADÉMIE FRANÇAISE

GRECO

OU

LE SECRET DE TOLÈDE

NOUVELLE ÉDITION AUGMENTÉE DE QUELQUES PAGES INÉDITES
avec seize reproductions hors texte

PARIS
LIBRAIRIE PLON
PLON-NOURRIT ET Cie, IMPRIMEURS-ÉDITEURS
8, RUE GARANCIÈRE - 6e

AU

COMTE ROBERT DE MONTESQUIOU

Au poète

A l'inventeur de tant d'objets et de figures rares

A l'un des premiers apologistes du Greco

et qui lui-même

trouvera quelque jour son inventeur et son apologiste.

Hommage amical de son admirateur et voisin.

MAURICE BARRÈS.

CHAPITRE PREMIER

MA PREMIÈRE VISITE AU GRECO

CHAPITRE PREMIER

MA PREMIÈRE VISITE AU GRECO

Si j'essaie de me rappeler ma première visite au Greco, j'y trouve emmêlé le souvenir de mon premier soir dans les rues de Tolède. J'étais sorti au hasard, après mon repas, et le long des hauts murs qui s'enfoncent dans un ciel sans étoiles, je suivais l'étroit ruban dallé. Je côtoyais d'immenses couvents et de lourds palais, grillés, écussonnés, dont la mauvaise fortune n'a pas abattu l'orgueil. La nuit ranime autour d'eux toute leur vie passée, devenue belle comme un songe. Un peuple d'images délaissées, flamandes, juives, catholiques, sarrasines, m'attendait au retrait de chaque portail. Dès ce premier soir, elles se sont jetées sur moi, comme la misère sur le pauvre monde, et depuis vingt années je les nourris d'un sang étranger. Je ne m'en plains pas ; elles m'ont en retour servi dans tous mes plaisirs...

Quel silence régnait, ce soir-là, dans les ruelles obscures de cette montueuse Tolède ! Au pied des murailles, les grillons chantaient ; plus haut, d'imprévues chauves-souris voltigeaient. Vers les onze heures et demie, j'entendis une musique que j'essayai de joindre à travers ce dédale, et soudain je tombai dans une rue plus large, sur une danse en plein air.

Des valseurs tournaient, mal éclairés. C'était une Tolède populaire et de tous les âges. Des petites filles enlacées, gravement, marquaient les mesures avec des grâces de revenantes. Et rapide, comme nous le sommes dans un pays pour lequel notre curiosité est neuve, je croyais voir, faisant le cercle, les héros de Goya, de Velasquez, de Cervantès et de Caldéron, qui représentent aux yeux d'un novice toute l'Espagne... Cependant, je n'éprouvais pas un plaisir décidé. Ces cuivres, ces fracas vulgaires s'accordaient trop mal avec le décor.

Soudain la musique cessa, les danseurs poussèrent de longs cris gutturaux, on éteignit les lumières, et vivement sur ces ruelles escarpées la compagnie se dissipa. Alors une chanson s'éleva dans la nuit. C'était une strophe, un chant de solitude, quatre vers pleins et poignants, une goutte de miel qui déborde du cœur.

Le lendemain, à Santo Tomé, son écho se relia dans mon âme aux images nerveuses et tristes que me présentait la toile fameuse du Greco, l'*Enterrement du comte d'Orgaz.*

Au-dessus du ravin profond où le Tage roule son flot jaunâtre, l'église de Santo Tomé dresse une haute tour, en briques roussies, ornée d'arcatures arabes et de colonnes vernissées. C'est une de ces mosquées transformées en églises, qui nous font souvenir qu'une âme musulmane est captive dans les assises de Tolède. Demi-ruinée, assez misérable, elle fait pourtant le meilleur coffret à cet *Enterrement du comte d'Orgaz*, chef-d'œuvre d'un sentiment à la fois arabe et catholique.

Le tableau occupe encore la place où Greco l'installa, au fond de la travée de droite, dans un léger retrait de la muraille qui lui sert de cadre. (Et vraiment il ne gagne pas dans tout ce blanc de plâtre.) C'est une composition en deux parties : dans le bas, l'enterrement du seigneur d'Orgaz ; au-dessus, sa réception à la Cour céleste.

Au premier plan saint Augustin et saint Étienne, couverts de riches étoffes, s'inclinent pour soulever dans leurs bras le corps inanimé du seigneur d'Orgaz vêtu de sa cuirasse flamande. Derrière eux, debout et serrés, une trentaine de gentilshommes, de prêtres et de moines, presque tous vêtus de noir, forment d'un bout à l'autre de la toile une sorte de frise. Une atmosphère de solennelle tristesse pénètre, apaise ce bel office des morts. Dès l'abord il nous saisit l'âme et nous rend grave. Nous avons sous nos yeux une élite de la société tolédane, peinte d'après la vie, avec son expression morale la plus noble. Ce sont des personnages sévères, durs de corps et d'esprit, capables d'une certaine fantaisie bizarre et triste, mais non de vraie joie et d'abandon. Je les crois entêtés dans leurs imaginations héréditaires, et, comme dirait Voltaire, fermés aux lumières. Le miracle qui s'accomplit devant eux les édifie sans les étonner. Aussi bien, comment s'étonneraient-ils d'avoir la visite de ces deux saints, puisqu'ils savent qu'au même moment l'âme du seigneur d'Orgaz reçoit audience de la Cour céleste?

Cette audience, nous la voyons. Elle occupe le ciel du tableau. Le seigneur d'Orgaz s'y présente tout nu devant le Christ, la Vierge et le cercle des Bienheureux. La scène fait un contraste absolu avec la belle peinture réaliste du bas. Des tons livides et restreints jusqu'à l'indigence, des formes prodigieusement allongées, amincies et tourmentées, lui donnent un caractère spectral qui nous inquiète, nous scandalise et nous attire.

Étrange génie discordant, ce Greco ! Se peut-il que le réaliste qui vient de peindre ces vingt-quatre Tolédans, occupés à dire un *Requiem* sur la dépouille d'un des leurs, soit le visionnaire qui nous transporte maintenant au royaume des larves et des songes ! Sous quel angle voit-il donc la vie? et que veut dire exactement cette œuvre dont l'unité au premier regard nous échappe?

Sous le tableau, une dalle noire porte en majuscules dorées une inscription :

Quand même tu serais pressé, ô voyageur, arrête-toi un moment et écoute une ancienne histoire de notre ville, contée en peu de mots. Don Gonzalo Ruiz de Tolède, seigneur du bourg d'Orgaz, notaire majeur de Castille, entre autres preuves qu'il nous laissa de sa piété, prit soin que ce temple de saint Thomas apôtre, jusqu'alors médiocre et où il voulait être enterré, fût richement restauré à ses frais, et il fit donation de grands trésors d'or et d'argent. Au moment où les prêtres s'apprêtaient à l'ensevelir, cas admirable et inaccoutumé! les saints Etienne et Augustin, descendus du ciel, l'enterrèrent ici de leurs propres mains. Comme il serait trop long de conter quel est le motif qui poussa ces saints à faire ce qu'ils firent, va, si tu peux, au couvent des Augustins qui n'est pas loin, demande-le, et ses religieux le conteront. Il mourut en l'an de Christ 1312. *Tu connais déjà les effets de la gratitude des habitants du Ciel : écoute maintenant l'inconstance des mortels. Ledit Gonzalo laissa par testament deux moutons, seize poules, deux outres de vin, deux charges de bois et huit cents monnaies, de celles que l'on nomme maravedis, toutes choses que le curé de cette église et les pauvres de la paroisse devaient percevoir annuellement des habitants d'Orgaz. Mais comme ceux-ci croyaient qu'avec le temps ce droit serait aboli, et comme ces dernières années ils s'étaient refusés à satisfaire ce pieux legs, la chancellerie de Valladolid, après une énergique défense faite par le curé de ce temple, André Nuñez de Madrid, et par Pierre Ruiz Duron, économe, les contraignit à satisfaire leur dette.*

Ainsi l'œuvre du Greco est une commémoration du procès gagné par le curé de Santo Tomé, sur les gens d'Orgaz. Ce tableau leur dit : « Ingrats ! Il y a deux siècles et demi, un pieux chrétien, qui en fut récompensé sur l'heure par saint Étienne et par saint Augustin, a voulu faire la fortune du curé de Santo Tomé. Vous avez été assez frivoles pour manquer à sa volonté, si hautement approuvée par les saints. Tremblez ! car il cause familièrement dans le ciel avec le Christ et la Vierge. »

Voilà qui est clair. C'est d'une chicane, d'une histoire de gros sous qu'est sortie cette page inspirée. O puissance d'une âme d'artiste qui repense et transforme un thème ! Cette querelle vulgaire, compliquée d'un miracle suspect, serait bien vite tombée dans l'oubli et recouverte de silence, mais le Greco survient, et d'une scène locale assez basse, il fait se lever d'infinies puissances de sentiments à l'espagnole. Du milieu de ces plaideurs prosaïques, son cœur s'élève pour hausser à l'éternel une mince anecdote. Au curé Nuñez qui nous raconte son miracle, nous répondons : « Croyez-vous? » Mais quand c'est Greco qui parle, il nous mène dans une région où le scepticisme perd ses droits.

Le sérieux de ces monotones figures, aussi bien que cette couleur froide relevée de contrastes brûlants, éveille vivement notre rêverie, nos désirs de vie contemplative. Devant cette composition bizarre, d'une vie nerveuse incomparable, pourquoi me suis-je souvenu de la mince chanson arabe qui se perdait, la veille, dans les ténèbres de ma première soirée tolédane? Je ne sais combien de temps, à Santo Tomé, ce premier jour, je me serais complu à ces appels mystiques, si je n'avais suivi avec effroi l'agitation des petits bedeaux qui m'avaient ouvert l'église. Ils promenaient sur la toile des chandelles inclinées, et d'une telle manière que l'on pouvait tout craindre du mépris évident qu'ils marquaient pour la partie supérieure de la composition. Il faut les avoir vus, ces petits rats de sacristie, leurs longues baguettes à la main, désigner la Gloire où apparaissent Jésus-Christ, la Vierge et le comte d'Orgaz tout nu, et répéter avec aplomb : « *Demente!* C'était un fou ! »

La folie du Greco ! Une si grossière

objection, qui trouve quelque force devant d'autres toiles du peintre, vient se briser ici contre tant de gravité et de noblesse. Beaucoup de bons connaisseurs affirment que le Greco avait du génie, mais qu'il avait perdu la raison. Pour moi, dès ce premier abord, je me sentis devant une âme forte et singulière, qu'il est raisonnable de tenir en suspicion, mais plus raisonnable encore d'écouter attentivement. Je me promis d'étudier ce beau problème espagnol, en me faisant raconter sa vie et en poursuivant au fond des églises toute la série de ses tableaux.

CHAPITRE DEUXIÈME

LA VIE DU GRECO

CHAPITRE DEUXIÈME

LA VIE DU GRECO

Les érudits s'accordent pour croire que le Greco naquit dans l'île de Crète, entre 1545 et 1550, mais ils n'ont trouvé aucune trace de son village natal, de sa famille ni de sa première formation. Il semble qu'il ait été l'un de ces nombreux jeunes gens qui venaient des îles rejoindre à Venise leurs aînés, déjà riches et considérés. Autour de l'église de San Giorgio, ces Grecs formaient une colonie de plus de quatre mille âmes. Verriers, miniaturistes, enlumineurs, ils gardaient le dépôt des traditions byzantines. On a justement rapproché la palette du Greco, où le blanc et le noir dominent, de celle des vieux artistes byzantins, telle que la décrit un célèbre manuscrit du mont Athos.

Le premier document positif que nous possédions sur cet artiste mystérieux, c'est une lettre où le vieil enlumineur Giulio Clovio, un exotique lui aussi (Dalmate d'origine), demande au cardinal Alexandre Farnèse d'accorder un logement dans son palais de Rome à « un jeune Candiote, élève du Titien et qui est un bon peintre ».

Au palais Farnèse, le Greco peignit de très bons exercices d'école. On peut les voir aux musées de Naples et de Parme, dans la collection Beruete, à l'Escurial et puis à Londres ; on y saisit l'influence du Titien, du Tintoret, de Palma et de tout Venise. Cependant les peintres commençaient de surabonder à Rome. Le Greco entendit les appels de la riche Espagne et, vers 1575, passa en Castille, à Tolède, où il était sûr d'obtenir de l'ouvrage.

Il allait de plus y trouver des modèles et une manière de sentir qui s'accordaient avec sa nature.

Philippe II venait de fixer la vie administrative à Madrid et dans son Escurial. Mais la très noble, la très loyale, l'impériale Tolède, sur son âpre côte, au milieu de ses ruines romaines, de ses basiliques wisigothes, de ses mosquées arabes, de ses églises et de ses palais, demeurait l'âme de l'Espagne.

Un immense mobilier d'art encombrait sa cathédrale ; mais elle manquait de tableaux en harmonie avec son caractère ; elle attendait, réclamait son peintre. Quand le Greco fit son déballage, les chanoines lui commandèrent immédiatement ce *Partage de la tunique du Christ* qu'on admire toujours dans leur sacristie.

C'est une œuvre de grand style, splendide et pleine, toute ramassée autour de la noble tristesse du Christ. A la droite du Fils de Dieu, dont la tunique est rouge, se tient un seigneur vêtu d'une armure ardoisée. Ce fier personnage à la figure basanée exprime la pensée de toute la composition. Il reste en dehors des incidents ; il subit, il médite, il connaît qu'il participe à ce qui devait arriver. Derrière le Christ et ce chevalier, son témoin, sur des fonds qui rappellent la cuirasse du chevalier, s'enlèvent et se pressent les piques et les plumets de la multitude. Cette canaille d'ailleurs, ne parvient pas à troubler de son haro le magnifique exemple de dignité que fournit le premier plan.

Les influences italiennes persistent dans ce début du Greco à Tolède, comme dans les travaux qu'à la même époque, il exécutait pour Santo Domingo el Antiguo. C'est l'éternelle histoire de l'originalité qui se cherche (1). Après une série d'œuvres obscures, un Balzac écrit *les Chouans*, vrai chef-d'œuvre, mais encore sous l'influence de Walter

(1) Voir les notes à la fin du volume.

Scott ; il ne se trouve décidément que le jour où il se tourne à décrire la vie moderne. Ainsi Greco découvrit son génie dès qu'il imagina de peindre les nobles Castillans. Le *Martyre de saint Maurice et de ses compagnons* qu'il exécute pour Philippe II, de 1580 à 1584, atteste qu'il connaît maintenant sa voie : c'est d'exprimer d'une manière réaliste les spasmes de l'âme.

Cette conception était d'accord avec les mœurs d'un roi qui allait orienter la peinture vers le pathétique moral, et la conduire du Titien à l'école de Séville. Pourtant le *Martyre de saint Maurice* ne semble pas avoir pleinement satisfait Philippe II. Il ne crut pas pouvoir mettre sur l'autel la toile du Greco ; il se tourna vers le Florentin Romulo Cincinnato qui lui fournit une composition médiocre, mais non *objectionnable.* Les deux œuvres rivales se voient toujours au couvent de San Lorenzo de l'Escurial. Celle de l'Italien, sur l'autel des saints martyrs ; celle du Greco, dans la salle capitulaire. Tout naturellement le visiteur cherche à se rendre compte des objections du roi. Le Greco avait à peindre l'histoire fameuse de ces soldats chrétiens qui, sommés par l'empereur romain de sacrifier aux dieux, ne voulurent ni céder ni se révolter et acceptèrent le martyre ; il ne vit pas leur mérite dans l'acceptation de la mort, — en cela des milliers de confesseurs les avaient égalés, — mais il rêva de glorifier que leur chef Maurice eût obtenu par son discours le sacrifice de toute sa légion. C'est pourquoi il peignit dans de belles proportions, bien au premier plan, le conciliabule de saint Maurice et de ses compagnons, et puis, fort en retrait, le saint suivi de son état-major et d'une escorte d'anges, musiciens et chanteurs, qui s'en va consolant, un à un, les soldats et qui reçoit leurs têtes, à mesure que l'exécuteur les tranche.

On comprend que Philippe II, accessible pourtant aux graves songeries, puisqu'il leur consacrait la masse solennelle des bâtiments de son Escurial, ait été surpris par cette magnifique extravagance d'un tableau tout intellectuel.

Greco, ajustant mieux son but, allait, au lendemain même de cette demi-réussite atteindre son point de perfection dans le fameux *Enterrement du comte d'Orgaz*.

Voilà son chef-d'œuvre populaire. C'est la gloire. A cette date, en 1584, une vogue immense lui vient. Dès lors, il fournit les couvents et les églises de *Sainte Madeleine*, de *François d'Assise*, de *Véronique tenant le voile*, et il portraiture l'élite de la société castillane, en même temps qu'il invente ses grands poèmes de peinture mystique.

Durant plus de trente ans, Tolède a possédé dans le Greco un de ces artistes, comme l'Italie de la Renaissance en a tant connu, qui ne s'enferment pas dans un seul art. Ce grand peintre sculptait, bâtissait, écrivait.

Mais comment le juger dans ces différents ordres? Un malin génie s'est acharné sur ses travaux d'écrivain, de sculpteur et d'architecte.

Que sont devenus les manuscrits où il développait ses idées sur l'art de la peinture? Pacheco, si peu suspect de sympathie pour le vieux maître, déclare qu'ils étaient d'un grand philosophe. Peut-être les retrouvera-t-on quelque jour au fond d'un couvent ou bien dans une bibliothèque de chapitre.

Ses sculptures aux formes sveltes, parfois même quintessenciées et subtiles, témoignaient d'une passion concentrée. Il atteignait, dit-on, une sorte de beauté fatale, en cherchant à tout prix l'expression personnelle. A la fin du dix-huitième siècle, dans l'église des Franciscains d'Illescas, — petite ville sur la route de Madrid à Tolède, et qui joue un grand rôle dans les romans picaresques, — on voyait encore la plus importante de ses œuvres sculpturales : les tombeaux des fondateurs du monastère, Gédéon de Hinajosa et sa femme Doña Catalina

Velasco. C'étaient deux niches de marbre blanc, ornées de pilastres et de frontons, où les deux donateurs étaient agenouillés dans l'attitude de la prière. Sur les côtés se trouvaient les pleureuses... Cette description donne l'idée d'un tombeau de la Renaissance italienne, où manquent la tristesse et l'angoisse de la mort si bien senties par le moyen âge. On aime à croire que le Greco avait su mêler son âme à ce décor, mais il ne reste rien de ces tombeaux... Jugerons-nous de son talent sur les figures des deux apôtres qui ornent le grand rétable dans l'église de la Caritad? C'est de l'art italien, élégant, animé toutefois d'une vie assez expressive et douloureuse... Nous fierons-nous aux statues qui décorent le rétable de l'église de l'hôpital d'Afuera? Quelques-unes doivent être du Greco. Mais lesquelles?

Son œuvre architecturale n'a guère moins souffert. Dans l'église San Vincente de Tolède et à l'hôpital d'Afuera, on peut voir ses rétables ; mais il me semble que l'on a cessé de lui attribuer l'hôtel de ville de Tolède, conçu dans ce noble style greco-romain, fort à la mode en Italie à la fin du seizième siècle.

Ces divers travaux incertains m'autorisent, je pense, à conclure que le Greco, quand il ne voit pas une occasion de produire son âme, se réfugie dans un travail correct, expert, pondéré, voire glacé. Hors ses jours d'émotion, ce n'est plus qu'un maître qui travaille sans chercher l'effet.

Homme étrange, qui double d'un personnage énigmatique le mystère de son art. Une vie et des œuvres submergées par les ténèbres, tel est le sort de Greco. C'est seulement au cours de l'année 1908 qu'un érudit espagnol, Manuel B. Cossio, a réussi à nous fournir quelques précisions. Essayons de saisir les points brillants qu'il est, tant bien que mal, parvenu à dégager.

Et d'abord, quel visage avait donc le Greco? Faut-il le reconnaître aux côtés de Michel-Ange, du Titien et de Clovio, dans *les Marchands du Temple?* Est-il le Centurion du *Partage de la Tunique*, et le saint Joseph de *la Sainte Famille* du Prado? L'avons-nous dans sa grave maturité, parmi les seigneurs qui rendent les derniers devoirs au *comte d'Orgaz?* Est-ce vraiment son visage de songeur émacié que possède M. Beruete? Je l'admets. Je crois que nous avons dans cette émouvante série la suite des états d'une grande âme qui se forme. Le Greco doit être cet homme tout de finesse, de nervosité, la tête légèrement inclinée à gauche, du type écureuil, si j'ose dire, mais ennobli de rêverie religieuse ; une figure silencieuse appliquée (et peut-être neurasthénique).

On sait depuis hier qu'il habitait, non loin de Santo Tomé, au milieu de la juiverie. Ces pierres écroulées abritèrent successivement le fameux argentier Samuel Lévy et le magicien marquis de Villena. L'imagination populaire fouille encore ces décombres pour y découvrir la trace des trésors de l'un et des opérations diaboliques de l'autre. Depuis les arceaux de ces ruines, M. Lafond, le conservateur du Musée de Pau et l'un des hommes de France les plus familiers avec l'art espagnol, a reconnu les collines grises qui figurent souvent au fond des tableaux du Greco. En s'approchant de sa fenêtre, le peintre apercevait, près du pont d'Alcantara, la fameuse machine inventée par l'Italien Juanelo, mécanicien de Charles-Quint, pour monter l'eau du Tage au sommet de la ville. Cette machine nommée l'*Artificio de Juanelo* était célèbre dans toute l'Espagne, et l'on faisait le voyage de Tolède pour l'admirer. Je ne doute pas que ce ne soit elle cette roue mystérieuse que le Greco a peinte au fond du *Saint Martin partageant son manteau avec un pauvre.* Comme Vinci, Greco s'intéressait à l'art de la mécanique. Tout naturellement il se plut à étudier un appareil construit sous ses yeux et que les écrits du temps proclament à l'envi une des merveilles du monde (2).

Dans la juiverie de Tolède, le peintre vivait fastueusement avec sa famille et de nombreux élèves. Nous avons un document sur son intérieur, un véritable tableau de genre. Trois femmes de tous âges et qu'un beau chat surveille, s'occupent à broder et à filer, tandis qu'une quatrième soutient sous les bras un enfant.

Ce tout petit garçon, qui deviendra le *Saint Martin* de la chapelle de San José et le délicat adolescent qui déploie le plan de la ville dans la *Vue de Tolède*, paraît bien être Georges-Manuel Theotocopuli, le fils du Greco.

Comme son père, Georges-Manuel fut à la fois peintre, sculpteur et architecte. On a telle copie du *Partage de la Tunique*, puis un *Saint Pierre et saint*

Paul que l'on croirait du Greco, n'était la signature de son fils. Et sans doute qu'il a exécuté beaucoup des répliques qui encombrent aujourd'hui le marché. Pour nous faire de ce jeune homme une idée intéressante, il faut concevoir sa vie comme tout entière enfermée dans la chapelle mozarabe de la cathédrale.

Cette chapelle est une des plus précieuses traditions de Tolède, une relique du temps des Maures. Elle perpétue la constance de ceux qui, sous la domination musulmane, gardèrent leur sang et leur foi. Là se conservent des usages liturgiques spéciaux, d'origine orientale, apportés en Espagne, aux premiers temps, par les barbares Goths ; et là viennent encore prier, au début du vingtième siècle, quelques familles mozarabes de toutes conditions. Georges-Manuel eut à construire la coupole et la lanterne de ce sanctuaire vénérable. Quoique ses plans parussent trop hardis aux hommes du métier, il les fit agréer des chanoines et les conduisit à bonne fin...

Voilà tout ce que nous savons sur le fils du Greco, qui mourut assez jeune. Cet emploi de sa vie lui donne quelque chose de poétique. Je songe au fils de Victor Hugo, François-Victor, qui, pour grandir encore la gloire de son nom, se consacre au service de Shakespeare et l'honore comme une des sources de son père. On regarde avec sympathie Georges-Manuel protéger ce culte mozarabe. Il y vénère une tradition composite où s'est nourrie le génie du Greco. Quel geste charmant dans l'ombre, celui de ce jeune homme qui recouvre d'une coupole les eaux qui sourdent du sol antique de Tolède !

La fille du Greco est plus romanesque encore que Georges-Manuel. C'est elle le petit page de l'*Enterrement du comte d'Orgaz;* c'est elle, l'enfant Jésus qui chemine craintivement appuyé contre le *Saint Joseph* (de l'église San José) dans un sentier des environs de Jérusalem ; c'est elle surtout, ce noble et grave portrait de jeune femme qui fut vendu avec la collection du roi Louis-Philippe, à Londres, en 1853, et qui appartient aujourd'hui à Sir John Stirling Maxwell. Quel livre d'amour, si l'on recueillait les noms de tous ceux qui l'ont aimée ! Le jeune Chasseriau en fut épris. Mais parmi les folies qu'elle a suscitées, la plus étonnante est encore de l'érudit Buchon qui, dans son *Atlas de la Principauté française de Morée*, donne, entre deux croquis de forteresses franques, cette charmante figure comme un modèle du « vrai type grec ».

On connaît les beaux yeux, l'ovale pur, le teint mat de la fille du Greco, mais, de sa voix et des sentiments de cette émouvante fiévreuse, rien ne nous est parvenu. Il est assez décent que chez le peintre de la profonde Tolède mi-catholique, mi-arabe, la fille de la maison soit voilée (3).

Avons-nous des lumières plus complètes sur son atelier, sur l'équipe de ses élèves et sur son enseignement, dont l'influence agit jusque sur le grand Velasquez? Nous savons que l'on voyait chez lui Fra Juan Bautista Mayno, dominicain de grande vertu, qui traitait les portraits avec une si belle douceur et tant d'amour, que, sans rien négliger de la ressemblance, il donnait aux plus vieilles et aux plus laides de la grâce et de la jeunesse ; — le graveur Diego de Astor, de qui je vous souhaite que vous trouviez une estampe, un saint François agenouillé tenant une tête de mort, d'après le Greco, ou les planches pour l'histoire de Santiago ; — Orrente ; — Antonio Pizzaro ; — et puis son disciple préféré Luis Tristan qui, d'après la dizaine de tableaux que j'ai vus au couvent de Santa Clara la Real, me semble bien surfait.

Un texte de Pacheco nous ouvre quelques vues sur l'enseignement que ces jeunes artistes recevaient de leur maître. Ce peintre et critique sévillan vint un jour à Tolède visiter le Greco, alors âgé de soixante à soixante-dix ans, qui le mena dans une pièce remplie de maquettes en terre de ses sculptures, puis dans une seconde pièce où se trouvaient les esquisses de tous ses tableaux. Et l'honnête Pacheco s'étonne fort. « Qui croirait, écrit-il, que Domenico Greco esquissât ses ouvrages, les retouchât à maintes reprises, afin de séparer et de désunir les teintes, pour donner ainsi à ses toiles leur aspect de cruelles ébauches, et pour simuler une plus grande liberté de facture, une plus grande puissance. »

Ce qu'un profane croit saisir dans cette brève indication, c'est que le Greco se préoccupait d'éviter le rondouillard et cherchait l'expression crue, immédiate, directe.

Pacheco demanda encore au Greco ce

qui doit l'emporter du dessin ou de la couleur. Le vieux maître répondit que c'était la couleur, puis il déclara que « Michel-Ange était un bon homme, mais qu'il ne savait pas peindre ». Ce qu'il faut entendre, je crois : « Michel-Ange est un véritable homme (au sens où Napoléon dit à Gœthe : Vous êtes un homme, monsieur de Gœthe), mais il ne fait pas proprement de la peinture, il dessine des groupes statuaires. »

On sait par ailleurs que Greco se faisait de son art une très haute idée.

Un jour, les Hiéronymites du monastère de Santa Maria de la Sisla (dont l'emplacement se voit encore à une demi-lieue de Tolède), le prièrent de leur fournir une *Cène*. D'accord avec eux, il passa la commande à son cher Luis Tristan. Celui-ci, le travail fait, demanda deux cents ducats. Les moines admirèrent la toile, mais d'un si jeune artiste, le prix leur semblait trop élevé. On recourut à l'arbitrage du Greco. A peine le Maître eut-il vu le tableau, qu'il se jeta, la canne levée, sur son élève, en l'appelant « vaurien et déshonneur de la peinture ». Les bons moines s'interposèrent : un si jeune homme était excusable de ne pas comprendre la valeur de l'argent. Mais le Greco continuait : « Ce mauvais fils nous trahit de lâcher une si belle toile à moins de cinq cents ducats, et je veux qu'il l'emporte chez moi, si vous ne lui comptez de suite son argent. »

Ce singulier homme tenait tête à l'Inquisition elle-même. Les théologiens lui cherchèrent des difficultés sur ce qu'il agrandissait les ailes des anges.

Disons-le en passant, il avait raison : il ne faut pas d'ailes (et puisqu'il s'agit de surnaturel, personne ne demandera d'explication) ou bien il en faut à la mesure du corps. Quoi qu'il en soit, accusé d'avoir manqué aux règles canoniques dans certains de ses tableaux, Greco plaida et gagna son procès. Phidias avait été moins heureux à Athènes.

Je soumets aux membres de la Société des Beaux-Arts le système que le Greco employait avec ses clients. Il ne vendait pas ses tableaux, il les donnait en gage contre une somme d'argent, sous réserve de les reprendre s'il lui convenait de rembourser. Et ces messieurs pourraient encore faire leur profit de la belle résistance qu'il opposa, au début du dix-septième siècle, à l'impôt sur le travail. Le collecteur voulait exiger de lui un droit sur les commandes qu'il exécutait à Illescas. Il refusa de payer et porta le litige devant la Cour royale, qui lui donna satisfaction et déclara exempts de tous impôts les trois nobles arts de la peinture, de la sculpture et de l'architecture.

De ces faits, il apparaît que le Greco apportait des idées étrangères dans Tolède. Ses mœurs aussi semblaient bizarres. Jusepe Martinez le blâme d'avoir « tenu à gage dans sa maison, pour profiter de toutes les jouissances à la fois, des musiciens qui jouaient pendant qu'il prenait ses repas ». Quelle musique voulait-il entendre? Une musique d'esprit et de couleur arabes? Ou bien cet art énergique, hautain, que j'ai pressenti un soir, en écoutant des voix alternées dans les ténèbres du monastère au Montserrat? On donnait alors, j'imagine, dans les églises de Castille, des morceaux écrits pour flatter le délire mélancolique du roi Philippe II. Seule aujourd'hui la Chapelle Sixtine les a recueillis. Ils valent pour exprimer le cœur de l'Espagne, aussi bien que les peintures d'un Moralès, d'un Zurbaran. Mais je crois que le Greco avait un faible, cet artiste nerveux et d'une élégance un peu levantine, pour les chansons sèches et tristes, qui naissent d'un sol pierreux au bourdonnement de la guitare.

Le soir, il les écoutait chantées par des mendiants et des porteurs d'eau, quand il passait le pont Saint-Martin pour s'en aller aux *cigarrales*, dans les jardins qui sont placés sur la côte en demi-lune, au sud-ouest de Tolède.

Là s'élevait, pour parler comme un poète de l'époque, une maison champêtre « bâtie suivant les plans et une invention de Crète ».

Entendez par là que Greco s'était chargé d'embellir pour l'opulent cardinal archevêque Sandoval y Rojas, le cigarral de Buena Vista.

Auprès du Tage, parmi des jardins plantés d'orangers, de châtaigniers et de pins où présidaient les statues des nymphes, les chevreuils erraient le long des étangs. Le passant peut voir encore quelques vestiges de ce beau luxe. Et la vie qu'on y menait, Tirso de Molina nous l'indique dans ses *Cigarrales de Tolède*, de la même manière que Boccace nous donne l'image d'une villa médicéenne au-dessus de Florence.

Dans le Cigarral de Buena Vista, le

Greco, chaque soir, retrouvait les plus gracieux esprits de la ville et les belles Tolédanes qui, suivant un pieux ami de sainte Thérèse, « disent plus en un mot qu'un philosophe d'Athènes en un livre ». Il y vit passer, à côté de ce Tirso de Molina, l'admirable dramaturge de la légende de Don Juan, Lope de Vega, excellent prêtre, génial fabricant de comédies de cape et d'épée, dont il serait puéril de blâmer la fougue amoureuse ; — le père Ribadeneira, l'ami et le mémorialiste d'Ignace de Loyola ; — le frère Hortensio Félix Paravicino y Arteaga, de l'ordre des Trinitaires, qui écrivit des romances lyriques, subtiles et mystiques ; — le savant jurisconsulte Covarrubias ; — le poète conquistador Ercilla, élève de Stace et de Lucain, premier explorateur de la Patagonie, et qui chanta ses exploits dans une « œuvre plus sauvage que les nations qui en font le sujet » ; — Baltazar Gracian, prosateur obscur, prolixe et profond, qui peignait les scènes romanesques de la vie pour aider à l'éducation des héros ; — leur maître à tous, Gongora, le fameux prêtre cordouan, d'un patriotisme et d'une foi farouches, qui composait des romances moresques, froides, étincelantes et brodées à l'infini ; — puis enfin Cervantès. Et, dans les mêmes années, sainte Thérèse, à Tolède, faisait œuvre de fondatrice et de poète génial.

Greco nous a laissé les portraits d'un certain nombre de ces personnages. Je me plais à rêver d'un salon dans le *cigarral* de Buena Vista restauré, où ils seraient tous réunis, cardinaux, poètes couronnés de lauriers, médecins, juristes, femmes romanesques, innombrables moines et seigneurs, toute cette société tolédane, aujourd'hui dispersée dans les collections publiques ou privées. Et je sais bien à qui je donnerais la présidence de cette grave assemblée, c'est au bienheureux Jean d'Avila, l'auteur de ce fameux livre de direction spirituelle *Audi, Filia*, qu'il écrivit pour engager une fille d'honneur de la reine à renoncer au monde, en lui développant cette sainte pensée des Écritures : « Écoute, ma fille, vois et prête l'oreille, oublie ton peuple et la maison de ton père, et le roi concevra de l'amour pour ta beauté. » Le portrait de ce grand mystique serait bien à sa place pour présider un tel cénacle, expression la plus élevée de l'âge d'or espagnol, en même temps qu'il nous ramènerait sur la pensée religieuse, qui paraît l'essence même du talent de Greco.

Le peintre de l'*Enterrement du comte d'Orgaz* mourut vers sa soixante-seizième année. Sur les registres de la paroisse de San Bartholomé de Tolède, on lit : « Le 7 avril 1614, mourut Domenico Greco, sans testament. Il fut enterré à Santo Domingo El Antiguo. Que Dieu ait son âme. » Nous savons par Jusepe Martinez, qui rédigea ses *Discours sur l'art* peu après, que le Greco laissait en mourant, « pour toute richesse, deux cents tableaux ébauchés ». Ne sont-ce pas ces *tableaux ébauchés* que nous voyons passer de fois à autre, et qui ébranlent notre confiance en la solide raison du peintre?

Le Greco précédait de deux années

Cervantès dans la tombe. Cette date est un des rares points positivement établis de sa biographie. Ses jours sont voilés ; il n'est pas mieux connu dans ses années de gloire que dans sa jeunesse ; le temps a recouvert d'ombre plusieurs aspects de son génie ; et l'on arrive à se convaincre que, pour atteindre ce personnage énigmatique, il n'est que la rêverie devant ses tableaux, difficiles d'ailleurs à découvrir dans l'obscurité et sous la poussière des profondes chapelles de Tolède.

CHAPITRE TROISIÈME

MES HEURES TOLÉDANES

EN FACE DE TOLÈDE

LA CATHÉDRALE DE TOLÈDE

A TRAVERS LES RUES DE TOLÈDE

LA MUSIQUE SUR LA PROMENADE

CHAPITRE TROISIÈME

MES HEURES TOLÉDANES

Je n'essaierai pas de décrire la Tolède que vit le Greco à la fin du seizième siècle. Ces brillantes évocations, analogues à des cavalcades historiques, procurent à l'âme peu de profit. Elles ne peuvent nous mener au cœur de notre sujet. Pour nous rendre sensibles les influences morales que subit le Greco, je tenterai, plus modestement, d'exprimer mon sincère amour de sa ville.

Dans Tolède, j'ai vécu une vie toute livrée aux influences du lieu et telle que, dans mon souvenir, certaines de mes heures se plaçant auprès des tableaux du Greco forment une suite à son œuvre. Aussi je voudrais, avec abondance et presque sans ordre, parler de Tolède, et là-dessus oser trente digressions qui nous ramèneront toujours à mieux comprendre le Greco.

Je n'ai que trop attendu ! Combien, jadis, avec éloquence j'aurais dit mon amour, quand je l'éprouvais ! Aujourd'hui, je regrette d'avoir, par crainte d'être insuffisant, toujours ajourné l'expression d'une telle flamme. Si j'aime encore Tolède, c'est surtout d'être une grande part de ma vie passée.

Par trois fois j'accourus entendre la

chanson de l'Espagne. Dès la frontière elle m'attendait, cette chanson qui s'en va éveiller la tristesse pour lui dire de se résigner. Elle était tapie, je m'en souviens bien, dans le coin d'une petite gare. Par Burgos, si froide et gothique, par Valladolid où gisent toutes les poupées de sacristie, par la sainte Avila, cette faible chanson, de jour en jour s'amplifiait, se chargeait de sens. A Tolède, je fus rejoint par un air qui vient du Midi. Comme d'autres au fond des terres, tressaillent, s'ils ont senti la brise salée de l'Océan, j'avais respiré l'Orient.

Depuis trois siècles qu'elle se ruine, cette ville a gardé sa tradition, elle s'effondrera avant que de se démentir.

Au temps du Greco, elle était bien cette même ville que je vois, ce même fleuve qui s'écoule devant mes yeux ;

elle demeure toujours la cité bâtie sur un roc de granit, âprement cernée par le ravin profond du Tage. Au milieu d'un pays immobile, elle forme aujourd'hui encore une énorme grappe, une ascension composite d'églises, de couvents, de maisons gothiques, de couloirs arabes haussés et rétrécis. Et ses pierres continuent de dire les mêmes choses qu'avait entendues Greco et qu'il fortifie du discours abondant de ses tableaux dans les chapelles délabrées. Les raisons de Tolède ! c'est un superbe dialogue entre la culture chrétienne et l'arabe, qui s'assaillent et puis se confondent.

Ceux qui nourrirent leur sang des beautés de l'Espagne savent que rien n'est inactif sur cette terre africaine. Tout collabore à leur plaisir dans la série de ses merveilles, depuis la haute courtoisie des *Lances* jusqu'à la plus indigente des *manolas* parée d'un œillet. Et s'ils retrouvent dans le Sud-Express l'accent rauque d'une Castillane, s'ils voient les terres stériles de la Sierra courbée sous le vent, les voilà déjà qui frémissent : soucis, pensées, tout a sombré, comme chez un garçon de vingt ans au coup de talon d'une jeune danseuse animale, qui lève ses bras dorés où claquent les castagnettes.

EN FACE DE TOLÈDE

Pour prendre une vue d'ensemble de Tolède, à la fin de la journée, j'aimais descendre par l'Arabal, gagner le dessus de la porte de Cambron et franchir le Tage sur le pont Saint-Martin. A ma droite, voici la Vega. Il faut voir avec quelle fierté cette terre indigente ou négligente porte ses pauvres bouquets de campagne. C'est la fierté des paysans sur leurs ânes. Nous sommes bien dans le pays où *arrogante*, qui veut dire

« porter beau » revient toujours comme un compliment. L'épais troupeau des chèvres dévastatrices regagne la ville en secouant leurs mille clochettes, tandis que leurs chevreaux s'attardent. Tout se noie dans la lumière. Le paysage à l'infini déploie une couleur fauve, n'était un nuage vert sur un sol rougeâtre. Et voilà qui rend raison de la peinture espagnole. Cette terre écorchée émeut de la même manière qu'un Velasquez ou qu'un Greco ; même teinte et même superbe. Tout manifeste une volonté implacable d'être de la beauté (4).

Je m'engage dans un chaos de rochers où s'étagent les fameux *cigarrales*, pauvres vergers pareils aux bastides des Marseillais. Ils sont environ deux cents, tout enclos de pierres sèches, avec une petite maison au centre et un maigre feuillage dévoré de poussière. Une faible odeur, ce soir, s'exhale des genêts. Le long de ces pentes pierreuses, qu'on appelle ici des *rodaderos*, lieux où l'on roule, je m'achemine à la Virgen del Valle, Notre-Dame de la Vallée, petit ermitage placé sur la rive gauche en face de la ville.

Depuis cette chapelle, on embrasse d'un regard le vaste roc que charge Tolède et qu'enserre le Tage. L'impériale Tolède se ramasse en pleine lumière sur cette dure montagne, dont elle épouse les saillies et ne couvre que le sommet. Les débris de ses palais courent largement au Tage et lui laissent, là-haut, une superbe position d'orgueilleuse en détresse.

Comment rendre les grands mouvements monochromes de cette terre violâtre et ocreuse? Il faudrait marquer sa couleur et ses courbes, et puis aussi rendre sensibles des parties nourries, pesantes, où nul édifice n'est notable, mais qui précisément ont la beauté des grands espaces pleins en architecture.

L'énorme rocher qui porte une ville si glorieuse est magnifiquement proportionné pour servir de monture à un tel diamant, et l'on reçoit une impression de plénitude et de force à voir ses pentes larges et décidées, ses noires aspérités que baigne le fleuve.

Les maisons se tiennent sur le haut du roc et se silhouettent dans le ciel. Leurs murs d'un blanc cru ont un aspect d'Orient, tandis que les toits se confondent avec l'immense teinte violette de toute la montagne. Cet entassement grandiose, où l'on s'étonne que tant de minarets de mosquées se mêlent aux terrasses des monastères et aux clochers des églises, l'Alcazar le domine. Construit d'un style lourd, il proclame : « Je n'ai que faire d'être beau. Il me suffit que les méchants tremblent et que les bons se rassurent. »

Au centre du tableau, la cathédrale, comme un poids trop lourd, imprime à la montagne une sorte de fléchissement d'où coule vers le fleuve une traînée de maisons. Mais, sur la droite et sur la gauche, le socle puissant demeure nu et l'on voit son granit sous les décombres qui glissent du faîte.

Netteté, immobilité, voilà les deux vertus de ce décor, où San Juan de Los Reyes, né d'un vœu des Rois Catholiques, se tient à la poupe, d'une certaine manière si fière que je lui trouve, sinon la ressemblance, du moins la qualité d'une flamme d'étendard.

C'est à l'instant du crépuscule que cette Tolède, depuis la Vierge de la Vallée, devient extraordinaire. Quand le puissant support granitique de la ville est déjà tout dans le violet, les derniers rayons qui passent par-dessus les Sierras illuminent Tolède d'une flamme jaune où se mêlent de rares ombres. Bientôt les montagnes entrées dans le noir se découpent sur un ciel rouge qui enflamme la ville, puis en s'éteignant la laisse dans la nuit. Une à une, les lumières, comme des veilleuses devant des vierges saintes, piquent les ruines. Une émotion de beauté m'envahit. Un grelot lointain, le trot d'un mulet et puis, le dimanche, quelques bouffées de musique, ébranlent toutes mes puissances intellectuelles.

Je renonce à suivre ces Tolèdes successives, dont les splendeurs furtives s'acheminent à l'immobilité de la nuit. Il faudrait l'âme passionnée d'un Delacroix pour saisir et fixer en une seconde la mutabilité du ciel, des terrains, des édifices, et puis dans son gouffre le Tage. Je sais du moins ce que nous dit ce coucher de soleil sur Tolède ; il assemble toutes les formes, toutes les couleurs, tous les rêves pour nous parler d'une vraie vie à laquelle nous nous croyons prédestinés et qu'il nous reste à conquérir...

Quand nous rentrâmes à Tolède, quelques cloches sonnaient sur la ville appelant à la cathédrale les personnages du Greco.

LA CATHÉDRALE DE TOLÈDE

Cette cathédrale, qui, de loin, s'offre avec tant de magnificence, est si prise dans les maisons que, de près, l'on voit seulement la façade du midi. Des écussons de marbre blanc s'y détachent sur un fond noir. Et ce contraste saisissant nous donne, dès l'abord, le même genre de plaisir, la même plénitude sensuelle qui s'exhale des vigoureux chevaux d'Andalousie, d'une jeune Sévillane éclatante, ou bien des énormes œillets parfumés de Cordoue.

Jamais je ne me suis lassé d'errer, à toutes les heures, parmi les chapelles de cette église grandiose. Elle nous offre indéfiniment des beautés surprenantes et pleines ; notre grande satisfaction, c'est même qu'elle nous en offre trop : on fait ici de la surnourriture.

Sous ces nefs d'une hauteur prodigieuse, j'accepte d'être submergé. C'est la poésie des grandes profondeurs. Si longtemps que je vive dans cette masse énorme, j'y ferais encore mille découvertes. Il arrive un moment où les livres que l'on préférait ne sont plus de beaux livres, parce qu'ils cessent de rien nous donner : nous leur avons tout pris. Qui pourrait donc épuiser ce vaste Pourâna qu'est la cathédrale de Tolède?

Où que se portent mes yeux, des raretés, des audaces m'assaillent, et jamais une médiocrité. Toute chose a du poids, porte la patine des siècles, a trouvé sa place immuable et s'harmonise avec l'ensemble.

Dans cet édifice gothique, commencé par un architecte français, sous le règne d'une princesse française, tous les ateliers de l'Europe sont venus travailler, et pourtant je connais par tous mes sens que je suis en Espagne. Cet amas de trésors, ce superbe amalgame donne une image parfaite de ce qu'est la nationalité espagnole. Tout y proclame le triomphe de l'orgueilleuse Église militante qui créa cette âme composite. Je ne me lasse pas des drapeaux de Lépante. C'est une flamme de soie qui tombe des voûtes, bleue, semée d'étoiles d'or, peinte d'un grand Christ crucifié. Au-dessous, les écussons de l'Espagne, du pape et de Venise en rouge.

Quand je marche indéfiniment sur le vaste damier de marbre, alterné blanc et noir, entre les colossaux piliers, ce qui m'attire toujours, ce sont les grilles du Coro et de la Capilla Mayor, et puis, derrière ces grilles, des masses sombres, des accumulations bien dressées, des magnificences robustes, ardentes et rares. Je m'approche, je touche ces marbres niellés d'or, ces caprices de métaux précieux, ces jaspes multicolores, ces bois sculptés par le génie. Quelle splendeur de matière et quelle perfection de travail ! La Capilla Mayor est un orchestre de fer, d'argent, de marbre et d'or qui suscite tous nos désirs d'art et les satisfait. Chef-d'œuvre de hardiesse et de franchise, elle garde dans tous ses excès quelque chose de réaliste et de direct, et tout en nous excitant, elle nous tonifie, nous remplit de santé (5).

Des femmes en mantilles noires sont agenouillées sur les dalles. Quelques étrangers s'asseoient à la base des piliers. Nous sommes une centaine qui regardons, à travers les grilles dorées, le prêtre dire sa messe, et j'appuie ma main sur la balustrade de jaspe, précieuse au toucher comme un beau corps de femme. Dans ce public de mendiants, de sacristains, de desservants et de curieux, il y a moins de protocole, mais beaucoup plus d'ardeur qu'on n'en verrait en France. Ce culte et toute la cathédrale présentent au plus haut point le caractère d'une chose vivante. Quand les trilles des sonnettes carillonnèrent pour l'élévation, des pères firent se courber des marmots espagnols qui, de terreur, s'anéantirent sur leur derrière, le front entre les jambes.

Rien n'est plus beau que la cathédrale dans ces grands désordres disciplinés, quand l'orgue rugit, que le clergé processionne, que les enfants de chœur courent comme des estafettes. Tout fonctionne d'une manière souple, abondante, naturelle. Je n'assiste pas à des cérémonies figées. J'ai ici, en face de moi, le héros local, le prêtre. Autour de lui, la vie s'est maintenue toute franche à travers les siècles. Elle me fait songer au genre d'activité qu'il y a dans notre Palais de Justice.

Je note de singulières libertés. Sur le pas de l'église, des bedeaux, des serviteurs en surplis fument leur cigarette, puis retournent à leurs offices pieux. Durant la cérémonie, ceux qui balancent l'encensoir avec des gestes solennels ont des figures qui rient. Mais si petits sous les voûtes, rien ne compte que leur masse et leurs uniformes. Je vois leur grand âge et qu'ils ont des siècles : je ne les aperçois pas en tant qu'individus. Nul meilleur endroit pour comprendre l'histoire de Tolède.

Les prébendiers, dans leurs stalles, psalmodiaient. Soudain ils décampent. Dans ces vastes espaces obscurs, rien ne reste plus que, là-bas, au pied de la Vierge du Sagrario, des litanies soutenues par l'orgue. J'entends couler ces litanies, comme on regarde glisser un fleuve. Ces chants s'écoulent depuis des siècles ; je me tiens un instant sur leur bord, et puis d'autres, debout sur la berge, entendront ces mêmes chants nasillés par d'autres vicaires. Ce grand fleuve, dans son courant d'air, apporte une âme qui flotte, emplit la cathédrale. Assis sur l'un des innombrables rebords de pierre, de marbre ou de jaspe, j'ai passé de l'admiration à la rêverie.

Le soir dans les églises est l'heure des vitraux. La cathédrale de Tolède, que la nuit commence d'emplir, exagère son autorité jusqu'à devenir implacable. La voix d'un prédicateur anime ces demi-ténèbres. Quand ce prêtre si petit parle entre deux flammes brillantes dans une chaire d'or, ce n'est pas une religion tendre qui m'enveloppe, mais l'on va promulguer des décrets tout-puissants.

Si vous préférez regarder un ballet, un opéra, allez au *Transparent*, derrière la Capilla Mayor. Il y a là des jeunes personnes en marbre, des princesses de théâtre qui chantent leur grand air. Fort galantes beautés ! Désirez-vous de voir leurs jambes, approchez ; en voici une là-haut qui se précipite, la tête en bas, les jupes rabattues. Ses mollets, ses genoux, ses attaches sont à ravir.

Maintenant, plus personne dans la cathédrale que des touristes, amis de la mélancolie, et des enfants qui prient, qu jouent. Ils tirent la révérence à tous les cierges, comme les papillons s'en vont à toutes les bougies ; ils baisent le sol ; les petites filles soulèvent pieusement les linges de l'autel. Tous ont une rapidité, une sûreté d'évolution, une familiarité où l'on reconnaît une race nourrie dans le catholicisme.

A TRAVERS LES RUES DE TOLÈDE

Si l'on excepte une seule rue, qui joint le Zocodover à la cathédrale, et l'abord immédiat des hôtels, nulle boutique dans Tolède. On circule indéfiniment à travers un réseau d'étroites ruelles pour tomber, de loin en loin, sur des petites places solitaires où l'herbe croît en toute saison, où deux voix qui passent font un événement. Le long de ces hautes, tortueuses et montueuses venelles, deux lignes de dalles suivent les maisons. Entre les dalles, un pavage, un semis de cailloux, plantés la pointe en l'air. Tout en haut, l'étroite ligne du ciel bleu.

Que l'on gravisse ou que l'on descende ces âpres couloirs, ce sont toujours des églises, des couvents, d'énormes murs, bâtis, il faut le dire, avec de pauvres matériaux, avec des briques ou parfois des pierres jetées dans des lits de mortiers. Peu de fenêtres et toujours grillées. Des portes en granit, lourdes et tristes, ceintes d'un chapelet sculpté. Un crucifix avec un ciboire surmonté d'un casque à cimier, voilà encore qui est bien tolédan et fait un beau motif d'écusson au-dessus d'une entrée. Des clous larges comme des soucoupes, et quelques-uns avec une tête de la grosseur d'un œuf, décorent magnifiquement les panneaux massifs des portes. A nos pieds, des enfants aux gestes souples, jeunes bêtes dignes et gentilles dans leurs haillons, avec des yeux de braise, et, sur nos têtes, le mirador d'où nous guette une demi-figure jeune et moqueuse, interviennent à propos pour nous faire réfléchir que, dans Tolède, il y a autre chose que des vieilles peintures et des pierres délitées.

Parfois nous voyons dans les airs une terrasse où se promènent sérieusement des groupes de jeunes filles, dont je ne puis apprécier, à cette distance, que la bonne allure et les toilettes claires ; ce sont les demoiselles nobles, un couvent de *doncellas*. Par ailleurs, les fous cramponnés aux fenêtres m'interpellent. Cette maison est bien connue dans toute l'Espagne, où l'on dit : « On va te mener chez le cardinal. »

Cet ensemble, d'un pittoresque provocant, d'un énergique relief — où les monuments de brique et les falaises qui les portent se confondent sous une même teinte jaunâtre — nul voyageur qui ne le saisisse, mais l'esprit, la qualité morale de cette reine détrônée, voilà ce qu'il nous faut comprendre.

Ce matin j'ai quitté la haute ville des vainqueurs, la ville solidement construite des palais. Je veux gagner le Tage, et j'entre dans la misère d'une ville arabe. Je descends une côte africaine ; les maisons toutes blanches sont séparées par des espaces de rocailles, par des pourrissoirs pleins de tuiles brisées. Peintes à la chaux, elles flamboient. Leurs portes ouvertes laissent voir une cour briquetée : des fleurs, des enfants et des femmes accroupies à l'arabe, dans des voiles blancs très sales, sur des marches blanches.

L'Afrique renaît dans les décombres des palais castillans. Une chanson orientale, celle-là même que chantait sempiternellement mon voiturier sur la route de Sparte, s'élève du milieu de cette côte brûlée pour affirmer la race indélébile. Ce que l'on entend le plus à Tolède, ce sont des chansons de *Malagueñas*, quatre vers sur une idée très compliquée, que les plus simples comprennent aisément. Cela vient d'Andalousie et se chante avec une inflexion de mélancolie, à la manière du muezzin sur un minaret. A peine tombés dans l'air lumineux, les premiers sons d'une *malagueña*, la nature et notre âme se redressent, fleurissent. Tolède et les rives du Tage deviennent un buisson ardent.

Les terrains autour de Tolède présentent des plis immenses et tels qu'on dirait un grand burnous jeté sur la campagne, un burnous dépouillé et lancé hors des murs par un peuple qui toutefois n'a pas pu rejeter son sang. Et dans Tolède, si je n'ai jamais le cœur froid, ni les yeux ennuyés, c'est que j'y vois à chaque pas la plus belle lutte du romanisme et du sémitisme, un élément arabe ou juif qui persiste sous l'épais vernis catholique.

A Santa Maria la Blanca, jadis une synagogue, les juifs avaient pris pour devise une modeste pomme de pin ; à San Juan de los Reyes, les hidalgos adoptent un coq ou bien encore, plus arrogants, des léopards, des lions et des aigles. C'est révélateur d'une manière de sentir, ces motifs ornementaux. Les jours où l'on est dégoûté l'on se dit : « Que faut-il choisir? Ici, le mufle, et là, le fourbe. » Mais laissons cette sotte idée qui ne nous mènerait à rien..... Les vainqueurs de Los Reyes ont tout pour eux : la couronne, la main de justice, l'épée. Les hommes de la synagogue sont désarmés, ne disposent de rien que de leur esprit subtil. Les bêtes de proie sont avec les princes ; ces juifs n'ont que la pomme du pin, de l'arbre qui pleure. Comment ces deux mondes pourraient-ils s'accorder? Ici, richesse flamande, et là maigreur, élégance d'une pensée qui s'est faite sous le palmier.

J'ai visité la petite église du Christo de la Luz, une ancienne mosquée devenue église. On y remarque une colonne romaine. Cette colonne et cette mosquée contraintes à servir un dieu qui n'est pas le leur, c'est intéressant, mais ce qui m'excite davantage l'esprit, c'est de voir dans Tolède des ouvrages construits, après la reconquête, par les catholiques, sur un plan où l'on reconnaît une pensée arabe. Ainsi le clocher de Santo Tomé. Je ne me lasse jamais, l'imagination s'ébranle perpétuellement à voir les éléments décoratifs arabes employés par les Espagnols pour la plus grande gloire du catholicisme. Au lieu de versets du Coran, l'ouvrier trace sur les murs des phrases latines, espagnoles. Il s'est converti, il dit une nouvelle chose, mais sur le même ton que ses pères arabes.

Entrons une minute dans la maison de Mesa. Ce débris seigneurial contient de merveilleuses arabesques, où se mêlent des écussons espagnols. Elles sont tracées avec des clous, dans un plâtre très dur, dans un stuc. Ce n'est point régulier, c'est comme le travail d'un peintre spirituel dont chaque coup de pinceau a de l'âme. Cette décoration, une véritable dentelle (elle en a même la teinte), encadre de grands espaces, aujourd'hui de plâtre blanc, que recouvraient jadis des tapisseries à personnages, ces splendides tapisseries flamandes que nous avons vues au palais de l'Espagne à l'Exposition de 1900. Au-dessous, court un revêtement de vieilles faïences bleu, vert et or brun. Devant cette merveille de goût, je suis capable de me hausser au bien-être, à l'apaisement que nous donne la beauté, bref de goûter l'art pour l'art ; mais à dire franc, ce n'est pas ce plaisir sensuel qui me retient ici.

Je songe que l'ouvrier qui eut cette patience de ciseler ce réseau inextricable d'ornements sur ces plâtres, c'est le même qui recommence mille fois la même chanson et demeure des jours entiers à rouler entre ses doigts un chapelet d'ambre, auprès d'une fontaine d'Orient. Et s'il *pense* l'architecture et le plaisir de cette manière arabe, ne pense-t-il pas à l'orientale le catholicisme? A San Juan de los Reyes, j'ai vu des écussons employés comme des éléments décoratifs d'Orient. Des écussons pensés à l'arabe! Quelle riche complexité cela suppose dans l'âme des ouvriers!

Il se prolonge indéfiniment dans mon imagination excitée, l'intérêt que me donnent ces êtres qui se croient des catholiques espagnols et que je reconnais à leurs actes comme des Sémites.

LA MUSIQUE SUR LA PROMENADE

Chaque dimanche, à Tolède, j'aimais entendre la musique militaire, la musique sur la promenade, que, dans la vieille ville romantique, comme dans la plus banale des sous-préfectures, la garnison offre aux indigènes.

J'ai vu les dames, les demoiselles et les élégants qui les épouseront. Qu'il y a d'esprit dans le regard d'une Tolédane de seize ans ! A cet esprit les petites filles se préparent, et les vieilles femmes en gardent une flamme. Pourtant, les plus jolies Espagnoles sont à Valence et les guides ne signalent pas d'admirer les Tolédanes. Elles sont petites et, dit-on, chlorotiques. Moi, je les ai vues bien prises d'ensemble, incapables d'aucune gaucherie, ni effrontées, ni trop modestes, les yeux remplis d'une âme merveilleuse ; j'admirais en elles la douceur, la courtoisie d'une vieille civilisation. De jeunes servantes, que courtisaient des militaires, surveillaient des enfants distingués, pareils à ceux qui, pieds nus, rapides et l'œil splendide de lumière, sur les terribles cailloux de cette rocailleuse Tolède, ne cessent pas avec bonne humeur de réclamer des piécettes. Au milieu de ce public en toilettes claires et bercé par une musique infiniment paresseuse, sur ces centaines de figures jeunes, mais chargées de siècles, sans être expert, je distinguais de nombreuses variétés du type sémitique : des Arabes et des Juifs habillés à l'espagnole.

Dans toute l'Espagne, il n'y a pas un Juif, sinon une paire de banquiers à Madrid. « Nous leur faisons peur », disent en riant ces braves Espagnols. C'est exact : les autodafés ont laissé chez les Israélites une réelle répugnance à passer la Bidassoa. Ces grands bibelotiers n'aimeraient pas, comme je fais, depuis quinze jours, vivre dans de sombres couvents peuplés de saints implacables. Qu'ils se rassurent ! L'Inquisition, après avoir été très populaire dans son principe, s'est fait le plus grave tort par une suite d'erreurs, ayant brûlé de pauvres diables qui n'étaient ni juifs ni judaïsants. *Errare humanum est.* Toutefois, personne ne veut plus en courir le risque.

Mais s'il n'y a plus à Tolède un Sémite qui dise : « Je suis Juif », ou bien : « Je suis Arabe », d'innombrables figures le proclament. En circulant autour du kiosque à musique, sur l'Alameda de Tolède, je croyais voir une illustration de ce fameux petit livre *El Tizon*, qui scandalisa, irrita, épouvanta la société sous Philippe II.

El Tizon, c'est un pamphlet, le plus bref et le plus sec, mais terrible par sa vérité, que le cardinal Francesco Mendoza y Bovadilla écrivit pour venger les déboires d'un neveu à qui l'on demandait la preuve de la pureté du sang (ou peut-être, plus chrétiennement, pour rappeler à l'humilité une noblesse arrogante). Quelles saisissantes images, révélatrices de toute une civilisation, dans ce titre espagnol : *El Tizon de la Nobleza Española o Maculas y Sambenitos de sus linajes?* Le Tison, le bois brûlé, noirci, fumeux, sans étincelle, la branche quasi morte de l'arbre héraldique. Le cardinal dénombre toutes les grandes familles d'Espagne, sans flatterie ni caresses, nous dit-il, et dans toutes il découvre une tache de sang maure ou juif. Sur ces têtes de fiers hidalgos, il secoue toute la friperie de ces manteaux de honte, de ces sambénitos, que l'Inquisition jetait sur les épaules des renégats ou simplement de ceux qu'elle reconnaissait suspects soit de pratiques hétérodoxes, soit d'alliances juives ou arabes. A tous les grands lignages il fait voir leurs sambénitos, et sur ces fronts orgueilleux, il pose la cendre de son Tison.

Ce pamphlet m'aide à comprendre Tolède. En regardant ces visages qui passent et repassent sur la place, on se rappelle qu'après le retour des Rois Catholiques et le départ des princes maures, le fond de la population restait arabe et juif, au point que sans l'effort constant de l'administration ecclésiastique, Tolède fût de son propre poids retournée au Coran et à la Bible.

Dans cette ville des nécromanciens et de la Kabbale, les grands intellectuels d'Israël avaient recueilli et commentaient l'héritage de la Judée, de la Babylonie et du Nord de l'Afrique. Tel fut l'éclat de leur science que le nom de Tolède éveille, dans la conscience du peuple dispersé, des souvenirs aussi puissants que Tibériade et Jérusalem. Ils parcouraient la terre et la mer pour visiter toutes les communautés, depuis la Provence et le Languedoc, jusqu'à l'Égypte. Ils critiquaient les idées des chrétiens, ou mieux, les idées des hommes du Nord, et parce qu'elles contrarient leur façon héréditaire de sentir, ils enseignaient qu'elles contredisent la raison (6).

Ces hommes inquiets, à l'esprit subtil, également doués pour les finances et la philosophie, avaient les sœurs les plus attrayantes, qui dans leur jeunesse respiraient toutes les séductions du Cantique des Cantiques. Elles furent mille fois les héroïnes de tragédies analogues à celles que Lope de Vega nous raconte (dans *la Juive de Tolède*) de cette fameuse Rachel, que l'on surnommait Formosa et que les nobles assassinèrent sous les yeux mêmes de leur roi, parce qu'elle le tenait sous ses enchantements.

Les ruines de la juiverie à Tolède renferment une poésie. Elle n'est pas du premier rang. Elle est faite d'un mélange d'humilité, de longue plainte, de clairvoyance et des voluptés du harem. Je songe au titre que l'un de ces Juifs savants inscrivit sur un commentaire du Talmud : *Pêle-mêle d'aromates.* Voilà qui convient pour caractériser les puissances et les séductions d'Israël. Vainement la fière Espagne a écrasé la tentation. Je crois la rencontrer encore autour du kiosque à musique sur cette place de Tolède.

Ces promeneuses aux yeux brûlants vont aller suivre la neuvaine pour honorer la naissance de sainte Thérèse, patronne de l'Espagne, mais dans les paroles latines qu'elles murmurent avec tant de sincérité n'exprimeront-elles pas une âme orientale?

On imagine invinciblement que plusieurs d'elles appartiennent à ces familles légendaires qui, dans le secret de leurs palais écussonnés, longtemps après l'abjuration de leurs pères, gardent la foi et les pratiques du judaïsme.

Ces relaps, l'ancienne Espagne les nommait avec horreur des Marranos, des maudits, (exactement, puis-je le dire, des pourceaux.) Chrétiens en apparence, assistants dévots des cérémonies de l'Église, ils transmettaient à leurs enfants les rites de Jehovah. Entre l'Inquisition et ces Marranos, riches, alliés à la grandesse et toujours exposés aux fureurs populaires, ce fut, durant des siècles, une terrible lutte dans l'ombre, où l'hypocrisie et la ténacité défiaient toutes les ressources de l'espionnage et de la cruauté. Un des leurs, le grand Maïmonide, établit que la récitation d'une vaine formule ne constitue pas l'idolâtrie. On peut proclamer publiquement la vérité de la mission de Mahomet ou du Christ, c'est sans importance. En cédant à la violence, on n'en reste pas moins Juif. Sans doute, il serait méritoire de mourir plutôt que de renier Jehovah, mais dans l'intérêt même d'Israël on ne peut ni exiger, ni conseiller le martyre. Il suffit de remplir en secret ce qu'on peut des devoirs religieux.

Je ne sais rien qui soit plus en désaccord avec la tradition d'honneur que nous portons dans nos âmes, mais rien non plus qui semble mieux s'accorder avec la vie. Maïmonide a vraiment écrit le traité des vaincus. Il donne l'art de durer ; il enseigne l'adaptation à la défaite : c'est le secret d'Israël.

Au quitter de la musique, comme je passais auprès de Santiago del Arabal, j'eus l'idée d'y pénétrer. On y voit la chaire où Vincent Ferrer, au début du quinzième siècle, enflammait la population contre les Maures et les Juifs. Il obtenait de très nombreuses conversions, mais pour aller plus vite, un beau jour, il descendit de sa chaire, et suivi de son auditoire, gagna le quartier juif. Il envahit et purifia leur synagogue, aujourd'hui Santa Maria la Blanca, tandis qu'on jetait dans le Tage un grand nombre d'infidèles... Rien n'est plus beau, dans les dernières heures de la journée, que ces précipices où le grand fleuve roule ses eaux toujours jaunâtres.

Sur l'autre rive s'étend un paysage de Palestine, d'où les prophètes me proposent des mots pour lamenter la ruine éternelle de Jérusalem... Nul doute qu'en partant pour cet exploit, et à voir le zèle de ses compagnons, Ferrer ne fût déjà bienheureux, mais quand tous les Juifs furent dans le Tage, il devint saint Vincent Ferrer. Deux lignes gravées sur une pierre dans Santa Maria la Blanca commémorent l'irruption de ce Drumont plus heureux. Et dans la petite église de Santiago del Arabal, où il tint ce fameux meeting, on a depuis lors, par respect, cessé d'utiliser la chaire. Une sévère effigie du saint homme l'occupe, qui tient dans sa main gauche la lourde croix avec laquelle il dirigeait ses partisans.

Voilà que j'ai parcouru Tolède dans tous les sens, à toutes les heures, et son âme demeure toujours sous une quadruple serrure. « Les maisons de cette ville, dit le charmant Théophile Gautier (de qui le souvenir invinciblement mélancolique apparaît sur le fond de tous nos plaisirs espagnols), tiennent à la fois du couvent, de la prison, de la forteresse et aussi un peu du harem. » J'y respire une volupté dont j'ignore le nom, et quelque chose comme un péché se mêle à tout un passé d'amour, d'honneur et de religion. C'est le mystère de Tolède et nous voudrions le saisir. Mais qui donc pourrait nous guider? Toute société a fui de cette ruine impériale. On aurait le plus beau palais pour vingt mille pesetas et d'excellents pour dix mille. Il ne reste ici que de petits propriétaires qui ne prennent pas leur parti de voir venir les étrangers. Mon coiffeur, étonné de mon long séjour, quand l'ordinaire des touristes arrivés le matin s'en retournent le soir, me disait : « *Le gusta a ud Toledo? Vale poco. No hay sino algunas antigüedades solamente.* Tolède vous plaît? Elle vaut peu. Il n'y a que quelques antiquités seulement. »

Il fallait entendre de quel ton le *vale poco* et le *solamente!*

Dans ce désert, Greco, découvert à grand'peine, me donna, me transmit le secret de Tolède.

CHAPITRE QUATRIÈME

GRECO ME DONNE LE SECRET DE TOLÈDE

CHAPITRE QUATRIÈME

GRECO ME DONNE LE SECRET DE TOLÈDE

Nous avons bien le droit de le dire, après tant de courses à la poursuite des œuvres du Greco dans Tolède, il n'est guère de peintre qu'il soit plus malaisé d'étudier. Il y a dix ans, nous n'avions même pas le plus élémentaire catalogue. Dans ces ténèbres, j'eus beaucoup d'obligations à M. Aureliano de Beruete, qui mit à ma disposition son expérience de vieux Tolédan. Nous allions un peu à la découverte, à travers les étroites ruelles autour des couvents délabrés ! Que de difficultés ! Je me souviens qu'après avoir appris, Dieu sait comment ! l'existence du superbe tableau des deux saints Jean, l'Évangéliste et le Baptiste, dans l'église San Juan Bautista, il m'a fallu deux jours pour en obtenir l'accès. Et le sacristain qui me conduisit m'a dit qu'à cette date (octobre 1902) j'étais le premier visiteur de l'année. Un tel état de choses permet d'apprécier avec exactitude les avantages et les désavantages des musées, où le simple passant peut étudier à son heure une œuvre bien présentée et bien surveillée. Toutefois,dans cette véritable chasse au Greco, j'ai trouvé la plus heureuse excitation, et mon séjour à Tolède fut une retraite assez analogue à ce qu'est une saison à Bayreuth.

Tolède est demeurée la ville toute sacerdotale de jadis. La multitude des prêtres y est telle qu'un dicton populaire assure que chaque habitant, chaque jour a sept messes. Exactement, la ville renferme quatre-vingt-dix églises et dix-huit couvents, bien déchus, il est vrai, puisque chacun d'eux ne compte plus, en moyenne, qu'une vingtaine de nonnes. On ne visite aisément que ceux où ces dames fabriquent des confitures. Dans les autres la règle est sévère. L'abbesse de Santo Domingo el Antiguo, à qui j'apportais une lettre, me fit répondre que les portes s'ouvraient, pour l'office, de six heures à six heures et demie du matin. Une autre, moins bienveillante, ne trouva rien à me dire, sinon qu'à cinq heures du matin, la sœur tourière poussait à la rue les poussières des corridors et que je pourrais en profiter.

Quant aux églises, elles sont verrouillées, sauf durant l'office, qui se dit à des heures variées. Bien plus, il en est qui n'ouvrent qu'une fois l'an, le jour de la fête patronale.

Disons-le en passant, l'auteur de ces lignes aurait accepté avec plus de soumission cette rigoureuse discipline, s'il avait pu continuer d'y voir un pieux respect. Mais à San José, qui ne s'ouvre que de six à six heures et demie, un sacristain le scandalisa fort, quand il ne put le retenir de grimper sur l'autel pour lui montrer, démarche superflue ! la signature du Greco dans la tête du lion sous la main de sainte Técla.

D'ailleurs, toutes ces barrières franchies, l'amateur, bien souvent, ne trouve qu'une déception. L'original a disparu, une copie a pris sa place. C'est ainsi qu'à Santo Domingo el Antiguo le tableau du maître-autel, emporté par l'infant Sébastien, ne se survit que dans un misérable pastiche. De là tant de Greco qui traversent nos ventes, pour aller s'engloutir dans les ténèbres dorées du Far-West.

D'autres fois, le chef-d'œuvre, bien que demeuré en place, n'est pas visible, soit par défaut de lumière, soit par excès de décor. A Tolède, on prend en horreur les fleurs en papier, que les pauvres religieuses s'ingénient à découper et qui courent en festons épais devant les plus belles peintures.

Enfin, dans quel état de délabrement les plus précieux tableaux s'offrent à nos yeux ! Ils reposent dans leurs cadres originaux, mais couverts d'une crasse infâme. M. de Beruete m'a dit que si j'étais venu cinq ans plus tôt à Santo Tomé, j'aurais vu l'*Enterrement du comte d'Orgaz* pendre comme une loque. Et pourtant le Greco, qui connaissait, semble-t-il, la prodigieuse négligence de ses concitoyens, avait cloué sa toile sur de bonnes et épaisses planches de bois, de façon que la poussière ne pût l'attaquer par-dessous.

Aujourd'hui, les Tolédans, avertis par les hauts prix qu'obtient leur peintre, ont recherché soigneusement ses œuvres dans leurs églises, leurs couvents et leurs palais. Et loin d'en négliger aucune, ils céderaient plutôt, si je ne m'abuse, à la tentation de les multiplier.

MM. Lafond et Cossio inscrivent sur leurs catalogues environ cent cinquante tableaux du Greco. Je suis parvenu à voir ceux de Tolède, une quarantaine, je crois. J'ai cherché à les étudier dans l'ordre chronologique.

J'allais successivement à Santo Domingo el Antiguo, à la cathédrale, à Santo Tomé, à la chapelle de San José, au couvent de San Pablo, aux églises de San Juan Bautista, de San Nicolas et de San Vincente, au musée provincial. Partout j'ai retrouvé le cri des petits bedeaux devant *les Funérailles d'Orgaz* : « *Demente!* C'était un fou ! »

L'opinion de ces enfants est partagée par un grand nombre de critiques. Antoine de Latour parle du « génie de ce pauvre insensé ». Théophile Gautier lui-même admet que le Greco craignait de passer pour imitateur du Titien et que cette obsession le jeta dans les caprices les plus baroques. Déjà au temps du peintre, une légende courait qu'il était devenu fou. On voit un Pacheco y prêter quelque crédit. Mais à tous les étonnements le Greco répondait avec dédain qu'il n'avait pas à donner ses raisons. C'est qu'aussi bien on touchait là au secret de son cœur.

J'ai été frappé par une inscription que cet homme mystérieux a mise sur sa *Vue de Tolède*, au musée provincial. Ce sont dix-sept lignes jetées dans un coin de la toile. On croit l'entendre qui médite :

Ha sido forzoso poner el hospital de
Il a été nécessaire de mettre l'hôpital de
Don Joan Tavera en forma de modelo porque
Don Juan Tavera en forme de modèle (c'est-à-

dire de le présenter comme un détail, de le mettre hors de l'ensemble) parce que

no solo venia à cubrir la puerta de Visagra,

non seulement il venait cacher la porte de Visagra,

mas subia el comborrios o copula de manera

mais sa coupole montait de telle sorte

que sobrepujava la ciudad, y asi una vez

qu'elle surpassait la ville, et ainsi une fois

puesto como modelo y movido de su lugar

l'ayant mis comme modèle et bougé de sa place

me parecio mostrar la traz antes que otra parte.

il me semble (préférable) de montrer la façade plutôt que ses autres côtés.

y en lo demas de como viene con la ciudad

et pour le reste, en ce qui concerne sa position dans la ville,

se vera en la planta.

on le verra dans le plan.

Tambien en la historia de nra Señora

Aussi, dans l'histoire de Notre-Dame

que trahe la casulla à Santo Ildefonso

qui apporte la chasuble à Saint-Ildefonse

para su ornato y hazer las figuras grandes

pour raison d'ornement (préoccupé d'obtenir un bel effet décoratif) et de faire les figures grandes.

me he valido en cierta manera

je me suis prévalu (j'ai profité) en certaine façon

de ser cuerpos celestiales, como vemos

de ce qu'il s'agissait de peindre ces corps célestes (et je les ai traitées en profitant de ce que) nous voyons.

en las luces que vistas de lejos por pequeñas que sean

dans les lumières que, vues de loin, et si petites qu'elles soient,

nos parecen grandes

elles nous paraissent grandes.

Ces lignes un peu obscures, d'une esthétique si volontaire, où les derniers mots trahissent un esprit mystique, nous mettent sur la voie pour comprendre comment l'élève correct des brillants Vénitiens est devenu un peintre si « bizarre » et si « pauvre ». On entrevoit dans quelle crise de l'âme dut éclore ce que certains nomment sa folie et que nous préférons appeler son génie.

La Castille étonna, domina le Greco. Il arrive souvent qu'un étranger surpris par un milieu nouveau en saisit les nuances et saura le peindre mieux que ne feraient les indigènes de talent. Philippe de Champaigne vint des Flandres à Paris pour être le portraitiste de Port-Royal. Le Greco, débarqué d'Italie, s'est trouvé, en un rien de temps, le peintre le plus profond des âmes castillanes. C'est lui, c'est ce Crétois qui nous fait le mieux comprendre les contemporains de Cervantès et de sainte Thérèse.

Quelque première éducation byzantine, ou bien la nostalgie de son milieu oriental lui servirent-elles pour qu'il aimât cette population catholique et moresque? Nous sommes libres de l'imaginer comme un héritier de la vieille civilisation hellénique, ou d'admettre que, grandi au milieu des spectacles de l'Islam, il était prédestiné pour interpréter la part sémitique qu'il y a dans

Tolède. Le certain, c'est qu'on le voit, dès son premier pas dans cette ville, se soumettre d'enthousiasme aux influences du lieu, s'envelopper de l'atmosphère, la simplifier et la dramatiser. Il traduit le paysage où il vient de tomber. Au milieu des collines grises et des tristes hidalgos, il abandonne les intonations chaudes, familières à l'opulente Venise et à la Rome des Papes, pour se plaire aux lumières pâles et froides. Est-ce lui-même qu'il a représenté dans cet artiste en train de peindre, que j'ai vu, il y a quelques années, au palais de San Telmo à Séville? Tout au moins, c'est sa propre palette qu'il lui a mise à la main. Elle ne se compose plus que de cinq couleurs : du blanc, du noir, du vermillon, de l'ocre jaune et de la laque de garance. Délaissant la série des teintes rousses et dorées, il adopte celle des bleus et du carmin. Il aime créer de violents contrastes en posant de grandes masses de couleurs, vives jusqu'à la crudité, cependant qu'il inonde ses œuvres de gris cendré.

Ce singulier mélange d'harmonie et de déséquilibre, cette intensité froide et lumineuse lui servent à exprimer une certaine moralité. Que valent désormais pour cet étrange converti le pittoresque et le paganisme chers à la magnifique Venise ! A Tolède, on ignore la beauté aimée pour elle-même, comme l'aime l'Italie. Maintenant sa peinture présente les brusques alternatives saisissantes, un peu barbares, de cette âme espagnole tout entière résumée par le prosaïque Sancho et le visionnaire Don Quichotte. Le visionnaire toutefois domine. Greco allonge les corps divins ; il les voit pareils à des flammes que les ténèbres semblent grandir. Il enveloppe toutes ses visions d'une clarté stellaire.

Ce n'est pas que ce lunatique perde le bénéfice de ses sérieuses études italiennes. Il se souvient d'elles pour les employer dans un esprit nouveau. Tel grand tableau du Tintoret, au musée du Prado, montre les teintes, les lignes, voire l'émaciement de Greco, mais celui-ci est moins encombré, d'une plus aiguë sobriété, j'oserai dire plus arabe.

Le voilà parti pour être un peintre de l'âme, et de l'âme la plus passionnée : l'espagnole du temps de Philippe II. Il laisse à d'autres de représenter les martyres affreux, les gesticulations violentes, toutes ces inventions bizarres ou cruelles qui plaisaient à un peuple de mœurs dures, mais il gardera ce qui vit de fierté et de feu au fond de ces excès. Ils valent pour ramener toujours les esprits au point d'honneur et aux vénérations religieuses. Et dans son œuvre Greco manifestera ce qui est le propre de l'Espagne, la tendance à l'exaltation des sentiments.

Devant ce modèle sublime qui l'émeut, devant l'âme castillane, Greco oublie ses habiletés ; il se fait un œil neuf, une main de petit enfant, une conscience de primitif. Comme il dit tout droit ce qu'il lui importe de dire ! Au milieu d'une tendance générale à l'emphase, voici une pensée toute nue. On est émerveillé ou bien scandalisé, mais nul ne reste indifférent à cette matière directe. Ainsi réduit à l'essentiel, dégraissé et tout nerveux, un tel art pourrait sembler un peu maigre, un peu maladroit, n'était son état de spasme qui nous surprend et nous ranime.

Que de fois, à la Chambre des députés, après des discours irréprochables et même qu'il fallait admirer, mais secrètement insupportables de convention et d'artifice, j'ai vu avec soulagement un homme quelconque prendre la parole. Dieu soit loué ! En voilà un qui ne parle pas très bien ! Et s'il avait une âme, eût-il bégayé, qu'il me reposait ! Mais ce retour à la sincérité plaît surtout chez un artiste qui connaît tous les raffinements.

Le Greco abandonne, rejette toutes les habiletés théâtrales qu'il avait apprises à l'école des Vénitiens : c'est qu'il possède une âme profonde et attentive. Avec un magnifique sang-froid, il élimine tout ce qui n'est pas l'essentiel, et il s'élance violemment vers ce qui est pour lui l'absolu. Les génies de cette sorte mènent leurs travaux avec la surprenante faculté de décision des grands chirurgiens. Greco semble fantasque, ignorant des règles. Il les connaît, mais les dépasse, car une rhétorique n'est point le talent. Il domine cette Castille dont il fait sa matière. Il est devenu un de ces hidalgos à idée fixe, toujours entraînés par l'esprit d'aventure, par la chimère, prêts à rouer de coups et à brûler celui qui ne rendra pas hommage à la suprématie de leur Dulcinée et de la Vierge Marie, ou bien encore à sacrifier la guenille humaine, leur corps ou celui des autres, pour la conquête de l'or fabuleux des îles. Ces grands songeurs, ces visionnaires que Cervantès fait trébucher si durement et pour lesquels tout de même on éprouve le plus amical respect, Greco est devenu leur pareil. Voyez ces portraits. Voyez encore que la critique le juge comme un héros que sa chimère emporte dans l'absurde.

Ce n'est pas un dément, c'est un homme à obsessions. Il vit toute sa vie sur les mêmes idées. Il les reprend, il les remâche, les mûrit dans son âme et les porte de tableaux en tableaux, toujours pareilles et chaque fois chargées de plus de sens. Il a son François d'Assise, son vieillard à barbe blanche, son Christ, sa Vierge (peut-être sa fille qu'il divinise mieux chaque jour) et son page (où l'on croit reconnaître son fils, qu'il voit éternellement petit garçon). Il se place lui-même volontiers dans ses toiles, et son visage s'enrichit des ennoblissements de son âme. Que ne puis-je étudier toute la série de ses anges ! Celui qui, d'une aile souveraine, porte l'*Ascension de la Vierge*, dans l'église Saint-Vincent, me fait penser à la belle image d'un savant juif tolédan, Abraham Ibn Ezra, une sorte de ménestrel ou de philosophe, qui parcourait au douzième siècle les communautés juives et qui disait : « La raison est un ange entre l'homme et Dieu. » Voilà le sens que, de toile en toile, ce grand songeur est parvenu à donner au médiocre élément décoratif qu'est à l'ordinaire l'ange de sainteté.

Elles naissent d'un point de vue prosaïque, les objections que l'on oppose au Greco. A travers son œuvre, elles atteindraient toute l'Espagne ascétique. Écoutons, par exemple, Antoine de Latour en face du *Comte d'Orgaz* : « Nulle part, écrit-il, dans *Tolède et les bords du Tage*, nulle part le génie du pauvre insensé n'est resté marqué d'une manière plus saisissante. Ce que j'appellerai la partie humaine de ce tableau, c'est-à-dire le mort et ceux qui l'entourent, est admirable. Toutes ces têtes sont vivantes ; tous ces personnages groupés avec beaucoup d'art, et la distribution de la lumière fait heureusement ressortir l'unité de l'ensemble. Mais rien de cet art savant ne se retrouve dans la partie supérieure de l'œuvre. Le ciel est un chaos de nuages où semble se refléter le désordre du cerveau du peintre... »

Cette opinion est si répandue qu'au musée du Prado il existe une réplique de l'*Enterrement* privée de sa Gloire. Quel grossier contre-sens ! En mutilant ce tableau, on a commis la même erreur, fruit d'une âme plate ou mal renseignée, que ceux qui disent : « J'aimerais Jeanne d'Arc sans ses voix. » Comment ne sentent-ils pas, ces amateurs du terre-à-terre, que ce Ciel complète et justifie l'expression donnée par le peintre à ses personnages, une expression qu'il avait saisie dans le visage et dans l'âme des plus nobles Tolédans.

Ce beau mélange de tristesse, d'humilité et de dignité, les hidalgos de l'*Enterrement* le doivent à la connaissance qu'ils ont d'une vie surnaturelle. Ce que Greco a peint au-dessus de leurs têtes, ils le voient avec le regard de l'âme. Dans cette Gloire où l'on veut trouver une preuve de démence, nous reconnaissons la conception métaphysique qui vit sous leurs fronts fermés. Voilà les visions très précises, un peu bizarres, qui animent toute leur vie et les laissent indifférents, comme des Arabes, à ce qui, pour nous autres, gens modernes, semblerait l'essentiel.

Aux yeux d'un contemporain de sainte Thérèse, les amis d'Orgaz sont des âmes assujetties à des corps. Elles s'échappent de leurs gaines, flottent dans l'air, montent vers la gloire. C'est le geste du Christ, si doux, si élégant, qui les attire. Elles vont à lui comme les cœurs accourent à un mot sublime de poésie.

Ainsi le génie du Greco parvient à nous rendre sensible la métaphysique qui enchante ses modèles. A mesure qu'il avance en âge, il semble que ses rêves d'artiste se chargent de plus en plus de méditations religieuses. Quelle noble tendresse exhale sa décoration de la chapelle San José : ce *Saint Martin* presque incolore, jeune homme charmant qui fait la grâce de son manteau à un compagnon moins favorisé ; ce *Saint Joseph*, gouverneur d'un jeune prince, tous les deux fêtés par l'adolescence et que les anges couronnent avec les gestes les plus enlaçants et les plus courtois !

Saint Joseph, chez Greco, a toujours un rôle charmant. On le vérifie encore dans la jolie *Sainte Famille* de saint Jean-Baptiste de Tavera, où la Vierge allaite l'enfant, tandis que saint Joseph, de l'air le plus intéressé, se tient en arrière. Le peintre a compris ce que ce père adoptif d'un Dieu devait mettre de discrétion dans toute sa conduite. Honnête homme, chargé d'une tâche impossible, précepteur d'un génie et mentor d'un grand prince.

Aux effusions innocentes du cœur, Greco associe les arcanes de la mystique. Il approche de la cinquantaine. Qu'il peigne des êtres humains ou divins, il ne s'attache désormais qu'à la représentation des âmes. Ses personnages saints ne sont plus que des flammes. Voyez, au musée du Prado, sa *Résurrection du Seigneur*. La terre est vaincue ; Notre Sauveur, un drapeau à la main, regagne les cieux. C'est une aiguille que l'aimant arrache de la matière grossière.

Entrons à l'hôpital San Juan Bautista de Tolède examiner son *Baptême du Christ*. Pourquoi donc Jésus se tourmente-t-il ainsi, et notamment qu'est-ce que cette jambe droite qui se tortille à la folie? Greco brise le dessin et veut créer des formes mieux capables d'exprimer sa pensée. Ne s'agit-il pas pour le Christ et pour l'humanité entière de naître à une vie nouvelle? Dans ces eaux le vieil Adam régénéré se transforme. Toutes les pensées qui émanent d'un tel acte, Greco les saisit et les mêle. Il semble peindre des associations d'idées. La scène se passe dans un jour fané, dans une lumière de cave. C'est ce que voit l'œil intérieur. C'est spectral. Voilà l'œuvre d'un visionnaire devant qui le ciel et la terre se mêlent.

Quelle tragédie de la religion nous jouent (au Collège des demoiselles nobles) le *Saint François d'Assise*, véritable Hamlet, maniant la tête de mort, — et (dans l'église Saint-Nicolas) le *Santo Domingo de Guzman*, brisé par un spasme d'amour devant un crucifix, —

et telle scène hors du possible, empruntée, dit-on, à l'Apocalypse, que possède le peintre Ignacio Zuloaga?

Peu de mois avant de mourir, Greco peignit pour l'église Saint-Vincent de Tolède une *Ascension de la Vierge*, dans sa dernière manière et pourtant merveilleuse de couleur. La photographie ne peut communiquer les sentiments que fait surgir en nous, grâce à ces tons de lumière et de carmin, cette composition, à la fois la plus élégante et la plus puissante. La Vierge s'élève dans les airs, entourée de sa cour céleste et de ses musiciens. C'est une reine parmi ses pages, ravissante de dignité, précieuse à tous. Elle semble une voix, un chant qui vibre, ou bien encore un repos frémissant au milieu d'une danse. Cette dernière analogie exprime, au mieux que je puis, l'admiration, le silence, qui me suspendaient à cette toile. On y voit des airs de têtes, des poses sur les pointes, des attitudes nobles, rares, recherchées et pourtant les plus faciles. C'est exquis, c'est singulier, et c'est obtenu, toutes ces ténuités nerveuses, par une violence sublime de génie. L'ange du bas, pour soulever la Vierge et porter toute la composition, déploie son aile avec une force à tout briser. Sainte folie, magnifique audace de ce vieillard Greco! Désormais avec ses moyens à lui, il est en mesure d'exprimer tout ce que renferme son cœur impatient, qui se gonfle de richesses et dans peu de mois va mourir.

Comme je les aime, ces œuvres mystérieuses des grands artistes devenus vieillards, le *second Faust* de Gœthe, la

Vie de Rancé de Chateaubriand et le bruissement des derniers vers de Hugo quand ils viennent du large s'épandre sur la grève. Pressés de s'exprimer, dédaigneux de s'expliquer, contractant leurs moyens d'expression comme ils ont resserré leur paraphe, ils arrivent au poids, à la concision des énigmes ou des épitaphes. Leurs sens demi-usés les laissent-ils à l'écart, en marge de l'univers? Ils nous semblent détachés de tous les dehors, solitaires au milieu de leurs expériences qu'ils transforment en sagesse lyrique. Et le chef-d'œuvre du Greco selon mon cœur, la fleur de sa vie surnaturelle, c'est justement le dernier tableau qu'il a peint, sa *Pentecôte* que l'on voit au musée de Madrid.

Souvent les Greco me demandent un effort, je crois y distinguer des mouvements qui se contrarient, un manque de continuité dans l'accent et dans la manière de traiter. Ainsi, quelles que soient mes raisons d'aimer la partie supérieure d'*Orgaz*, j'y trouve du disparate. Elle est légitime, nécessaire, mais mal raccordée, mal fondue. Au contraire, cette *Pentecôte*, cette venue de l'Esprit-Saint, me donne une pleine unité d'impression. Tous ces êtres, Apôtres et Saintes Femmes, qui à bien voir sont des portraits, s'élancent, d'un seul et même mouvement, hors de leur condition naturelle, pour rejoindre l'Esprit-Saint qui plane lumineusement. Nous les voyons devant nous qui se spiritualisent. Un enchantement d'enthousiasme les perce et les transfigure, les héroïse.

Le vieillard Greco, dans cette *Pentecôte*, a donné sa plus rare génialité. Dans

Orgaz, il juxtaposait un chef-d'œuvre d'art réaliste (un enterrement à Tolède) et un essai de peinture de rêve. Mais ici, il groupe des êtres vivants, des Espagnols, tordus, fondus, volatilisés par le plus prodigieux émoi. C'est, rendue sensible, une vérité de la religion (7).

Et l'on a dit qu'il était fou !... Attention ! Tout simplement, c'est un catholique espagnol ; je veux dire qu'il réalise une certaine qualité de sublime, que peuvent produire toutes les nations catholiques, mais auquel l'espagnole attache son nom.

Ses toiles complètent les traités des sainte Thérèse et les poèmes des saint Jean de la Croix. Elles initient à la vie intérieure des dignes Castillans. Aucun livre n'en donne une idée aussi complète, aussi neuve. Nous y voyons mieux que les traits des morts : leurs rêves, leurs songeries. Le Greco nous mène au fond natif des Tolédans du dix-septième siècle. Voici leurs plus nobles désirs qui s'étirent vers le ciel, et sans Greco, sans cette peinture hallucinée, nul de ces cœurs n'eût été préservé de la mort. S'il ne me tenait compagnie, je ne sentirais aucune âme dans cette ville près de tomber en poussière ; j'ignorerais avec quelle étoile les Tolédans étaient accordés. Quand je parcours leur cathédrale, c'est par Greco que je connais de quel émoi ils la remplissaient. Loin de l'heureuse allégresse italienne et de la bonne santé prosaïque des Flandres, il nous place au milieu d'un peuple triste, contemplateur, d'une mélancolie funèbre. J'aimerais moins les décombres de Tolède, si je ne voyais, grâce au Greco, les couleurs et les grandes lignes du mysticisme qu'ils ont abrité.

Que ces couleurs soient souvent blafardes et ces lignes trop allongées, on n'en saurait disconvenir, mais c'est ainsi que devait voir le peintre des âmes tolédanes.

Sa manière ne va pas sans éveiller certaines répugnances. Et je crois entendre quelques-uns qui lui disent : « C'est possible que les esprits bienheureux se dépouillent, dans leur gloire, de toutes les faiblesses, mais nous les aimions, ces faiblesses. Vos anges de lumière nous désorientent avec leur perfection immatérielle ; elle nous semble froide et monotone. Nous vous passerions d'épurer la vie terrestre, pourvu qu'en sacrifiant ce qui mérite de périr, vous sauviez ce qui est digne de persister. Que ne transportez-vous dans vos gloires supraterrestres le meilleur de cette vallée de misère ! Si les vivants mêlent à leur fragilité mortelle quelque chose de divin, faut-il donc qu'ils le perdent en montant au ciel pour l'éternité? A qui pensez-vous que ces tons de peste paraîtront un beau paradis? Nous entendons bien que la foi spiritualise les êtres, mais vous nous montrez une larve quand nous désirons de voir un sublime papillon. »

On a reconnu le ton de cette plainte. Elle a l'accent du dix-neuvième siècle. Elle suppose un Greco romantique, désespéré jusqu'à la folie par le spectacle du monde et qui se réfugie dans le mystère, au séjour des esprits. Pour les satisfaire, ces mécontents, il faudrait que le Greco dît au monde imaginaire qui flotte sur Tolède et dont il a fait son modèle ce que chante Manfred à la fée des Alpes, sous l'arc-en-ciel du torrent : « Beau génie, ta chevelure de lumière, tes yeux éblouissants de gloire, tes formes rappellent les charmes des moins mortelles des filles de la terre, mais agrandies dans leurs proportions plus que terrestres et d'une essence plus pure. »

De tels vœux trahissent une méconnaissance absolue de la véritable destinée artistique du Greco. C'est dans son rôle de rejeter les moyens de séduction physique et de nous entraîner dans un lieu où nous soyons délivrés du plaisir des sens. Avec lui, nous sommes en pleine métaphysique espagnole. Il nous faut donc accepter ces « corps glorieux » sublimés, spiritualisés, images lucides, froides et rayonnantes de notre personne épurée et de notre âme libérée. Acceptons le Greco dans son intégrité, comme un peintre dont le génie est de penser à l'espagnole.

Nous en avons connu bien d'autres qui pensaient à l'espagnole ! Notre Corneille, par exemple. Corneille et Greco altèrent les rapports réels des choses ; ils sacrifient ceci et cela, en vue d'obtenir un effet plus noble. Et Don Quichotte ! Le Chevalier de la triste figure pense à l'espagnole, déforme toutes choses. L'importance de ce livre admirable, c'est que le grand Cervantès nous fait toucher du doigt cette faculté de déformation ; il nous montre qu'elle naît du cœur (et aussi de la vanité).

Mieux que personne, le Crétois, élève

de Venise, a saisi le secret de Tolède. Il est allé droit à la cause. Ces tableaux, ainsi placés au cœur de l'Espagne, nous donnent une intuition sur les mobiles de cette nation dans son âge classique. Chacun de ses personnages extraordinaires porte au fond de la conscience le même principe d'espoir, d'ardeur et de détachement. Ce sont des êtres qui vivent du divin. Voyez-les se suspendre à Dieu. Ils l'aspirent à eux et aspirent à lui. Tout chez eux est significatif de l'Eucharistie.

Les dogmes catholiques sont la pensée constante de l'Espagne. On retrouve leur influence sur les domaines les plus imprévus. Les auto-sacramentales, pièces en un acte destinées à célébrer le Saint-Sacrement, ont leur analogue en peinture. Tous les modèles du Greco psalmodient la louange de l'Immaculée Conception et de la Présence réelle. Son esthétique, c'est l'enthousiasme de la Communion. Ces corps qui semblent s'étirer vers le ciel, ce sont des âmes qui se purifient, se transforment. Sur les ruines de l'égoïsme vaincu, elles gagnent les royaumes de l'esprit. Le pénitent passionné, avide d'infini, s'élance affranchi, allégé vers son Dieu.

Les grandes rêveries religieuses sont encore l'ordinaire de la vie à Tolède. Chez nous, elles sont retenues et concentrées dans l'âme, ou bien ceux qui les expriment enflent la voix d'une manière pénible. Mais là-bas, les sentiments de dévotion s'écoulent paisiblement et ne s'étonnent pas d'eux-mêmes. Les Tolédans, agenouillés sur les dalles des églises, passent des heures en face des vérités théologiques aussi volontiers que les Orientaux devant les décorations entrecroisées de leurs murailles. Une simple portière de cuir tombe entre leur plaisir contemplatif et la rue, dont elle n'arrête même pas le bruit.

Je me rappelle qu'une après-midi, je suis entré, par hasard, non loin de la Députation provinciale, dans un couvent de Carmélites, édifié, me dit-on, par la nièce de sainte Thérèse. C'était au cours d'une neuvaine pour l'anniversaire de la sainte. Il y avait des tapis épais, des tentures de soie, beaucoup de fleurs en papier et des bougies allumées. Nul office d'ailleurs, mais des voix charmantes, et les chanteuses invisibles. Une femme en mantille et vêtue de noir, penchée sur un prie-Dieu, s'éventait d'un grand éventail noir. Auprès d'elle, trois fauteuils de reps rouge, placés en demi-cercle, semblaient attendre. Un piano était ouvert ; des bouquets disposés sur les autels, comme sur des consoles. J'entendais au dehors des femmes faire jouer des enfants. Un enfant de chœur tout en noir, circulait, portait des roses, pliait de grands draps blancs, semblait un page bien dressé. Je croyais faire une visite et, en examinant les objets, attendre la dame toujours en retard qui s'habille.

C'est un boudoir. J'y compte jusqu'à neuf portraits où sainte Thérèse défaille.

Cependant les douces voix qui s'étaient tues pour prier recommencent leurs chants derrière la grille close. Tantôt une seule parle, tantôt elles se concertent, et puis toutes haussent le ton.

Dans cette chapelle des Carmélites tolédanes, je me suis rappelé une phrase de Mahomet : « Il y a deux choses que j'aime, les femmes et les parfums ; mais ce qui réjouit mon cœur plus que tout, c'est la prière. » Sur les étendards de couleurs variées et brillantes, les ardentes devises : « Je meurs de ne pas mourir » ou « Souffrir ou mourir », répondaient aux parfums, aux couleurs et aux chants.

Je me suis renseigné. Ces Carmélites vivent, Dieu sait comment. Elles ont dans leur cloître un petit potager, et quand il faut, elles vendent quelque objet d'art. Ce sont de pauvres créatures. Les jeunes Castillanes font volontiers le vœu de se donner à Dieu, mais elles se rachètent en fournissant une petite dot à une fille de la campagne qui devient à leur place l'épouse du Seigneur. Et si le goût de cette chapelle, aux mains de ces humbles servantes, demeure excellent, c'est que la tradition fixe la place de chaque objet et qu'on est trop pauvre pour acheter rien de nouveau...

C'est ainsi que bien souvent, au hasard de mes promenades, j'ai vu dans Tolède les mouvements les plus naturels de cette vie mystique dont Greco fut le peintre. J'ai vu respirer, d'une manière familière, une vie toute pénétrée d'humilité et de lyrisme, et j'eus à la portée de la main le jeu des plus hautes et des plus paisibles facultés spirituelles. De tels états ne semblent pas compatibles avec la grande civilisation et par exemple avec l'emploi de chef de gare. Mais ils laissent dans Tolède une atmosphère où plus d'un, qui ne s'en doute pas, gagnerait à fréquenter.

NOTES DE L'AUTEUR

Page 23 :

(1) Quelle féconde méditation nous propose la vue des liens d'étroite parenté qu'il y a entre l'œuvre d'un Tintoret et l'œuvre d'un Greco ! Tintoret engendra Greco ; certaines de leurs toiles peuvent indifféremment être attribuées à l'un ou à l'autre. Mais regardons mieux : chacun d'eux a son âme, ou plutôt chacun d'eux travaille pour une civilisation déterminée.

(Disons-le en passant, il avait bien du bon sens, Béranger, quand Chateaubriand lui disait, en 1845 : « Les Bonapartes reviennent. Vous l'aurez voulu, monsieur de Béranger » et qu'il répondait : « Moi, bon Dieu ! Je n'ai rien voulu. J'ai fait des chansons pour être chanté en France. C'est donc la France qui les voulait. » C'est possible que Greco n'ait pas très bien compris ce qu'il voulait, mais c'est un fait qu'à mesure qu'il peignait pour les Tolédans il a transformé Tintoret.)

Prenons conscience des transformations que la dévotion espagnole fait subir au tableau de sainteté italien. Chez Greco, il y a un sentiment dévot, une puissance chrétienne que Tintoret ne possède en aucune manière. A la Scuola San Rocco, tout est dramatique, émouvant au possible, nullement religieux. Voyez à Dresde, un des plus nobles tableaux qui existent, une des beautés du monde, *les Femmes jouant de la musique* (du Tintoret). C'est une merveille païenne, le type de ces *Concerts* que nous connaissons à Paris par le sublime Giorgione, la plus complète représentation du nu. Qu'est-ce que l'Espagne quasi musulmane pourra bien en faire? Elle va reculer d'horreur? Que non! d'un paganisme éblouissant elle tire avec aisance un christianisme ascétique.

Nous avons tenu à donner parmi les illustrations de ce volume une sainte Madeleine, pour qu'on la compare aux Madeleines italiennes, et surtout ce tableau bizarre où l'on croyait jadis reconnaître une *Vision de l'Apo-*

calypse. un *Saint Jean à Pathmos* et que l'on appelle encore l'*Amour profane.*

Exactement, à notre avis, il faut y voir une forme espagnole du jugement de Pâris. C'est l'âme fidèle qui voit les tentations lui apparaître... Ne me dites pas que le dix-neuvième siècle français de Musset et le dix-huitième siècle de Laclos ont, tout de même, donné un plus rare aspect aux problèmes de l'amour. Là n'est pas la question. Ce qui m'émerveille, c'est que les formes païennes épanouies de Venise aient pu tout aisément fournir une expression à la terrible et resserrée Tolède...

Greco, toute sa vie, emploie les moyens d'art que Tintoret lui a mis en main. Quelle leçon pour les pauvres artistes, ignorants et infatués qui croient qu'à négliger la tradition, à se soustraire à l'enseignement des maîtres, ils assurent mieux leur personnalité !

Page 34 :

(2) Autant qu'on en peut juger, cette machine se composait d'une roue sur laquelle étaient fixés des seaux, qui puisaient l'eau dans le fleuve et la versaient dans des canaux

en bois. On voit ces canaux sur la toile, mais on ne distingue pas quel mécanisme pouvait élever l'eau jusqu'à Tolède. Il ne reste aujourd'hui de l'*Artifici de Juanelo* aucune autre image que cette roue brillante, argentée sur les bords, qui tant de fois intrigua les admirateurs du *Saint-Martin*. Mais l'on prétend que les ruines qui émergent du Tage, tout près du pont d'Alcantara, seraient les assises mêmes de la machine.

Et moi, je devais revoir dans la charmante, la bruissante, la bourdonnante Hama de Syrie, ces roues élévatoires dont vivent les jardins de l'Oronte.

Page 38 :

(3) Depuis que ces pages ont été écrites, D. Francisco de Borja de San Roman y Fernandez a recueilli des documents très intéressants dans les archives de Tolède. Son ouvrage, *El Greco en Toledo, o nuevas investigaciones acerca de la vida y obras de Dominic Theotocópuli* (Madrid, V. Suarez, 1910), complète le travail de D. Manuel Cossio en modifiant sur quelques points ce que nous pouvions savoir ou deviner de la vie de Greco. Mais

s'il est indispensable à des érudits qui veulent connaître le dernier état des problèmes que soulèvent la vie et l'œuvre du Greco, il ne change rien à nos souvenirs de Tolède et à des pages de sentiment. Le lecteur français peut ouvrir la *Revue de l'art ancien et moderne* (juin 1911) où M. Emile Berteaux (1) a entrepris de commenter les trouvailles de D. Francisco de Borja.

Pour nous, des diverses pièces mises à jour par l'heureux et savant chercheur espagnol (un inventaire des biens et tableaux du Greco, écrit par son fils Jorge Manuel, et surtout un pouvoir de tester donné par le peintre à ce même fils), nous avons à retenir que Greco vivait avec une certaine Dona Geronima de las Cubas, bien probablement sans l'avoir épousée, et qu'il en eut un fils, en 1578. Ce libre fils de l'amour, ce Jorge, c'est lui qui figure dans l'*Enterrement du*

(1) Nous ne pouvons pas, en relisant ces épreuves, rencontrer ici Émile Berteaux, tombé pour la France, sans saluer avec respect sa mémoire et une mort qui nous prive du plus savant livre sur Tolède. Ne peut-on rien faire des notes que M. Berteaux avait amassées?

comte d'Orgaz. Eut-il une sœur? Nous devons désormais en douter. Et la charmante dame à l'hermine que nous appelions la fille du Greco, je crois que c'est la mère de Jorge Manuel, la compagne du Greco. *Non conjux. sed concubina*, comme disait jadis un des membres les plus savants de l'Institut à l'un de ses confrères qui lui demandait de lui faire l'honneur de le présenter à sa femme. Ah! Dona Geronima de las Cubas! qui l'eût cru! une personne au visage si pur! Je m'explique ces traits amers sous lesquels vieillie, fatiguée, elle réapparaît dans un portrait du petit musée créé à Tolède par le marquis de la Vega Inclan... (Hélas! voir plus loin, page 167.)

Janvier 1912.

Page 62 :

(4) C'est une chose caractéristique : pour retrouver vivantes les couleurs des salles espagnoles du Prado, il suffit de regarder depuis les portiques de la place d'armes, à Madrid, au-dessus des jardins royaux, la vallée du Manzanares et la Sierra de Guadarrama. Cette vallée, ses côtes graves, immuables, sa terre

noble comme Zurbaran, saisissante comme Greco, sa Vega riche comme Velazquez, contiennent aussi les couleurs de notre Manet.

Page 73 :

(5) La grille du chœur qui ferme la Silleria, c'est-à-dire l'endroit où s'assoient et chantent les chanoines, fut forgée par Maître Domingo. Il avait traité pour le prix de six mille deux cents ducats. Arrivé à la moitié de son travail, et voyant que cette somme était insuffisante, il vendit une maison à Tolède et une terre aux environs, tout son patrimoine, pour achever la grille telle qu'il l'avait conçue. C'est ainsi qu'il parvint à exécuter son rêve admirable d'artiste. Mais il tomba dans la plus noire misère ; ses enfants durent mendier, et sa veuve n'eut d'autre moyen de subsistance qu'un sueldo par jour, que lui accordèrent les chanoines, et la vente qu'elle faisait de pauvres chapelets sur le Zocodover.

Page 95 :

(6) On pourrait méditer ce fait, avancé par quelques-uns, que la mère de Montaigne, Antoinette de Pouppes ou Antoinette Popez,

descendait de ces grands Juifs tolédans. Elle est, dit-on, une Juive portugaise, une fille de ces Juifs portugais qui se tiennent pour une aristocratie parce qu'ils sont expulsés d'Espagne. Mais qu'y a-t-il là de certain? Ce ne sont que des conjectures excitantes. Après réflexions j'efface une note que j'avais mise ici, trop à la légère, dans une édition précédente. Je prétendais reconnaître dans Montaigne « un étranger qui n'a pas nos préjugés ». J'osais dire qu' « avec une éducation plus solide et une formation aristocratique, Montaigne, c'est au fond le tempérament d'Henri Heine ». Toutes ces affirmations sont trop aventureuses. Il y a là un problème que je ne suis pas en droit de résoudre contre un grand écrivain français.

Page 136 :

(7) Les curieux voudront se rappeler que *l'Art de la peinture* de Pacheco, publié en 1649 et qui jouit longtemps d'une grande autorité près des artistes espagnols, affirme que « l'art n'a pas d'autre mission et d'autres fins que de porter les hommes à la piété et de les conduire vers Dieu ».

MARGINALIA DE 1923

Quelque chose de bien beau, c'est que Theotocopuli, en grec moderne, signifie « oiseau engendré de Dieu. » Oui, vraiment un messager divin, si l'on donne son plein sens au fait que le beau sang hellénique l'animait.

*
* *

Quel thème inépuisable de rêverie : un homme de race hellénique recueillant quelque chose de la pensée de l'Islam mêlée à la pensée catholique, et donnant à cet hybride une forme plastique ! On ne se lasse pas d'admirer ce mystère du génie de la Grèce, né pour modeler toutes les idées, tous les sentiments, et qu'on retrouve partout dans l'Inde, à Reims, à Tolède.

*
* *

Quelque chose encore de très beau et dont je rêve, mais c'est à établir. Don Gomez, comte de Gormaz, que l'histoire a fourni à Guilhem de Castro et à Corneille pour qu'ils missent debout le *Cid*, ne pensez-vous pas qu'il est l'aïeul de notre comte d'Ormaz? J'aimerais ces concrétions, ces agrégats ; et pour finir, ramassant les siècles, je vois — sens magnifique à donner à la partie supérieure de *l'Enterrement* — le père assassiné qui demande au ciel que Chimène trouve un protecteur en don Rodrigue... Notre attention est si fort sollicitée, dispersée, qu'il faudrait procéder à un inventaire et à une fusion des plus belles fables, pays par pays.

*
* *

Dans le deuxième *livret du mandarin*, René-Louis Doyon nous raconte la vie de William Blake. Ce poète visionnaire dont André Gide a traduit avec un rare bonheur le *Mariage du ciel et de l'enfer*, côtoyait sans cesse les berges du monde supra-normal. Ses jours étaient peuplés de grandes ombres. Il voyait ses modèles. « Blake se faisait une société d'Homère et de Moïse, de Pindare et de Virgile, de Dante et de Milton ; ce sont, disait-il, des ombres majestueuses, blanches, mais lumineuses et d'une taille supérieure à celle des vivants... » C'est cette société que Greco voyait et peignait.

* * *

Robert d'Humières contestait plusieurs pages de ce livre, mais il pensait que mon goût pour les cultures composites ouvre une méthode excellente d'exploration psychologique. « Un étranger sympathique pour une civilisation, c'est, disait-il, un miroir oblique où la scruter. La lumière de face aveugle. L'avenir nous donnera toujours plus nombreux de ces mixtes intéressants ou curieux particulièrement aiguisés et subtils ». Et il disait que Montaigne demi-juif serait le type classique de ces intelligences. Il citait encore Heine en France, Lafcadio Hearn au Japon, Conrad en Angleterre. (On pourrait rappeler Philippe de Champaigne et Van Dyck qui vinrent de Bruxelles et d'Anvers au milieu des messieurs de Port-Royal et à la Cour des Stuarts. Mais c'est moins significatif.)

*
* *

Un ami inconnu m'écrit : Le Christ en croix de Greco qui est au musée du Louvre ornait une des salles du tribunal de Prades. Un bas anticléricalisme le fit émigrer dans les greniers de la mairie où M. Lafond le découvrit. Sur les instances de M. Aynard, le Louvre s'en rendit acquéreur pour vingt-cinq mille francs.

Ce tableau avait été offert à la ville de Prades par M. Isaac Pereire, lors de son élection législative, sous l'Empire. Joli trait d'action électorale...

*
* *

« Le cas du Greco, écrit Louis Gillet, est un des plus étranges de toute la peinture... Le peintre de Tolède existe désormais comme certains héros romantiques, comme le peintre du *Chef-d'œuvre inconnu* de Balzac ; on discute sa « folie » comme nous discutons celle d'Hamlet, le doute de Pascal ou le sourire de la *Joconde*...

« ...Sans doute, la fin de l'artiste paraît avoir été assez mélancolique ; c'était chez lui la gêne, les dettes, mille soucis. Puis, il était malade, certainement guetté par la paralysie. Sa dernière signature, récemment retrouvée, gauche, informe, ataxique, ne laisse guère de doute à cet égard. Mais ce qui domine tout, sur ce triste visage, — et cela peut-être achève de confirmer la conjecture, — c'est une expression d'anxiété que je retrouve dans le portrait de l' « heureux » Titien : l'amertume de l'artiste qui meurt avant d'avoir atteint un certain idéal d'expression ou de beauté...

« ...Les répétitions d'un sujet sont tout à fait dans la manière du Greco ; nous possédons trois éditions de la *Guérison de l'aveugle*, autant de l'*Expolio*. On serait tenté, bien à tort, de prendre ce procédé pour marque de stérilité. C'est, au contraire, le signe de l' « artiste », de l'homme qui s'occupe peu de la matière de son œuvre, qui s'intéresse uniquement à sa perfection : on citerait de pareils exemples de tous les grands stylistes, de Titien lui-même, d'un Mantegna ou d'un Rembrandt. Eux aussi passent leur vie, obsédés des mêmes problèmes. Ils retournent perpétuellement les mêmes sujets et les mêmes thèmes, sans jamais se contenter du résultat acquis... »

*
* *

M. Arsène Alexandre se rappelle le temps où la France ignorait le Greco. « Nous étions bien une dizaine à Paris, écrit-il, à aimer les œuvres du peintre. Théodore Duret les avait vues et goûtées sur place, et il en avait offert une au Louvre qui l'avait acceptée en faisant la grimace. Degas possédait un de ses tableaux qui avait été en la possession de J. F. Millet. Manzi et H. Rouart en avaient acquis un ou deux, fort beaux. Paul Lafond, qui vient de faire paraître coup sur coup deux livres sur le maître, avait publié des études judicieuses et sommaires dans la *Gazette des Beaux-Arts*. Enfin et surtout Ignacio Zuloaga, alors très jeune et très obscur et d'autant plus ardent, débutait comme peintre chez Le Baro de Boutteville, et comme annonciateur de l'œuvre du Greco, partout où il pouvait, — et partout on faisait la sourde oreille.

« En ce moment-là, (c'était vers 1890) je pus me convaincre, à Tolède même, de l'oubli et du dédain où les Espagnols tenaient le pauvre Théotokopuli... J'eus toutes les peines du monde à rencontrer quelqu'un qui pût me dire en quelle église était l'admirable *Enterrement du comte d'Orgaz*, et une fois ce fabuleux renseignement obtenu, il fut encore plus difficile de trouver le moyen de faire ouvrir la petite église de Santo-Tomè qui était constamment fermée... »

*
* *

M. L. Rosenthal me fait observer que « Maimonide n'a pas eu de conseils à donner aux Juifs d'Espagne, parce que de son temps, les Juifs d'Espagne n'étaient pas persécutés par les catholiques. Les Marranos et l'institution de l'Inquisition, sont des faits postérieurs à la mort de Maimonide. L'illustre docteur, dans sa lettre écrite aux environs de 1160, s'adressait aux Juifs d'Afrique persécutés par les Musulmans. Eût-il donné à des Juifs persécutés par les chrétiens, le conseil que lui prête M. Barrès? Cela est possible, mais, peut-être, eût-il émis un avis très différent... »

*
* *

Bertaux m'écrivait : « En ouvrant les pages de votre *Greco* de voyage que je vais emporter dans mon prochain tour d'Espagne, je vois que mon petit article de la *Revue de l'Art ancien et moderne*, est tombé sous vos yeux et que vous adoptez pleinement mes indications au sujet des deux portraits de la *Maîtresse du Greco*... Voulez-vous me permettre de vous communiquer un erratum qui devrait s'ajouter à mon étude? J'ai revu en juillet Tolède, avec le marquis de la Vega. Il m'a confessé que l'émouvant portrait de la vieille dame n'était pas entré au musée de Greco. Il l'a cédé il y a quelques années, comme négligeable (alors que votre note lui donne un tel prix). Ce portrait usé, lui aussi, par les années, où se cache-t-il à présent?... »

*
* *

Camille Mauclair m'écrit : « Fait singulier que le génie de Tintoret ait trouvé à la fois deux continuateurs si opposés en Greco et en Delacroix, l'un raffinant sur l'âme mystique de la *Crucifixion* de la *Scuola di san Rocco*, et l'autre sur la technique et les harmonies du *Miracle de Saint-Marc* de l'Académie, à Venise. L'un venu du Tintoret croyant, l'autre du Tintoret virtuose.

*
* *

Mauclair remarque encore « qu'il y a un Tintoret plus savant que tout peintre, dessinateur d'une perfection inouïe dans la plus incroyable hardiesse, coloriste d'une somptuosité et d'une variété que Titien lui-même n'eut pas. Et puis, brusquement, on se trouve en présence d'un Tintoret halluciné, presque maladroit, indifférent aux fautes, étirant et déformant les êtres et les perspectives, les revêtant d'un coloris splendide, mais insolite ; et ce Tintoret plein d'erreurs, balbutiant et fou, révèle encore plus d'idéalité et de génie que l'autre. A l'Académie de Venise, il y a le *Miracle de Saint-Marc*, qui peut être considéré comme le type du tableau réunissant et résolvant les plus difficiles problèmes de la technique picturale ; personne n'a été plus loin ! Et au musée Brera de Milan, il y a une *Résurrection de Saint-Marc*, qui semble faite par un Tintoret ivre, où tout chavire, colonnades et personnages, où les figures vacillent, sont d'une disproportion flagrante, d'une maigreur anormale, avec des erreurs dont se garderait un débutant : mais l'ensemble donne l'impression d'un poème sublime, d'un songe fascinant, comme les derniers quatuors de Beethoven. Eh bien, le Greco est le fils de ce Tintoret-là... »

*
* *

Quelqu'un dont je regrette bien de n'avoir pas retenu le nom écrit : « Ce n'est pas que le *Songe de Philippe II* ne soit pas une page remarquable, mais ces individualités, qui ne s'expriment qu'au mépris des règles, donnent un détestable exemple. L'allongement du visage et la lividité ne sont pas nécessaires à l'expression mystique que Fra Angelico a su rendre, ce semble, avec des nuages ronds et roses. Je suis séduit, comme Barrès, par le caractère catholique du Greco, il a peint des expressions de pénitence et d'amour de Dieu qui m'émeuvent plus que les *Buveurs* de Velasquez : impuissant à rendre, à l'instar des vrais maîtres, l'exaltation de l'âme à travers un corps normal, il a sacrifié la forme à l'idée, obtenant ainsi des figures inquiétantes d'un mysticisme sombre et parfois sinistre, mystique divine dont les *Caprichos* de Goya formeraient la mystique infernale... »

*
* *

A l'occasion du troisième centenaire de Greco, le noble Miguel de Unamuno, honneur de l'Espagne actuelle, étudie dans la Rassegna del Arte (1914) la spiritualité castillane du peintre. Il a sur les mains une vue subtile et dévote digne du génie singulier qu'il célèbre :

« Les chevaliers de l'*Enterrement* se tiennent aussi silencieux que le comte d'Orgaz qu'ils sont en train d'ensevelir. Les mains seules parlent. Les mains, en général, sont ce qu'il y a de plus éloquent dans cet art étrange. Le Greco est un de ces rares artistes qui nous enseignent la noble leçon que les mains sont beaucoup plus révélatrices que la parole, et nous rappellent l'énergique apostrophe du vieux poème sur le *Cid :* « Disposant de langue sans les mains, comment pourrions-nous parler?... » De vraies « mains ailées », celles de ses personnages, tout comme les paroles chez Homère. Et il faut les entendre, ces mains « ailées », tantôt croisées sur le sein de chevaliers ou de saints, tantôt dressées en des raccourcis fantastiques. Il y en a une surtout qui paraît une colombe mystique, la détentrice du secret sublime de la mort. C'est la main qui semble appartenir à un des chevaliers de l'*Enterrement*, et qu'entourée d'une manchette de dentelle, on voit surgir des ténèbres, entre saint Étienne et saint Augustin, juste au-dessus du cadavre du comte d'Orgaz. Les mains, ces auteurs du péché originel, puisque ce sont elles qui ont cueilli le fruit de l'arbre de la connaissance du bien et du mal, et, par là, créé le progrès et la culture, semblent toujours, chez le Greco, vouloir sortir de ce monde, s'élever en volant vers le ciel et là, jointes ou tendues pour la prière, se diriger vers Dieu. De ces mains glorieuses, il y en a aussi dans les cieux de ses toiles. »

*
* *

Tandis que je corrige les épreuves de cette réédition, je sais que M. Paul Guinard, jeune normalien, professeur à l'Institut français de Madrid, a entrepris un travail sur Greco. Les vœux de tous les amis de l'Espagne l'accompagnent, les vœux de tous ceux qui souhaitent que pour faire contre-poids à un excès de germanisme, nos imaginations soient orientées vers les pays de la lumière.

*
* *

Un oculiste espagnol, le Dr German Béritens, dans un article de la Revue *Par Esos Mundos*, intitulé *Pourquoi*

Greco peignit comme il peignit, (Madrid, 1912) a soutenu que ce n'est ni mysticisme, ni excentricité, mais astigmatisme, si Greco déforme et allonge ses figures. Son cas était le cas clinique, classique, typique, de « l'astigmatisme hypermétropique », qui voit en longueur. C'est une disposition optique de l'œil telle que les rayons lumineux parallèles qui viennent le frapper n'arrivent nulle part à se réunir en un point central. Cette imperfection fait qu'un point lumineux devient dans la vision une tache linéaire ou elliptique. Les lignes droites produisent des courbes, le cercle s'allonge en ellipse. Quant à la vision des couleurs, il arrive que les rayons colorés se trouvant dans un certain axe, donnent une image manquant de netteté, la ligne de séparation des couleurs est indécise, et celles-ci semblent empiéter les unes sur les autres.

Dans la jeunesse, ces défauts peuvent être corrigés par l'accommodation, mais à mesure que les années ou les excès de fatigue enlèvent aux muscles leur énergie, le défaut visuel n'est plus corrigé et même il augmente. C'est sur ces faits que le Dr Béritens appuie sa démonstration.

Greco était sans doute astigmate de naissance. Cette anomalie se trahit dans la conformation de l'œil et du crâne tels que nous les montre son portrait peint par lui-même dans l'*Enterrement du comte d'Orgaz.* Pourtant il a dessiné avec une correction à peu près parfaite jusqu'à l'âge de trente-sept ans. Si quelques figures ont un allongement anormal, leur étirement est léger, et sans doute elles furent peintes à des moments de fatigue et de surmenage.

A partir de trente-sept ans, l'allongement des corps et l'étirement des figures s'accusent de plus en plus, le coloris demeurant d'abord normal. Plus tard, à mesure que Greco avance en âge, les objets formant des images diffuses sur sa rétine, les couleurs ne sont plus fondues entre elles, empiétent les unes sur les autres et forment ces « bavures » dont parle son historiographe contemporain Pacheco. A la fin de sa vie, il en arrive à ne voir que des taches, et il peint des figures disloquées et invraisemblables, telle ce Saint Siméon qui nous donne une idée de l'image qui devait se former sur sa rétine, une image semblable à celle que donne un appareil photographique, s'il n'est pas mis au point. Et le Dr Béritens conclut que Greco, loin d'être un exalté ou un fou, était un astigmate atteint de strabisme. S'il avait vécu de nos jours, il serait passé chez l'oculiste et, son infirmité corrigée, aurait ensuite peint ses tableaux normalement. La preuve : Prenez chez un opticien les verres de lunette que prescrivent les oculistes pour corriger l'astigmatisme et regardez une toile du Greco. Elle vous apparaîtra immédiatement normale, naturelle, totalement dépourvue de ces fautes de proportions déformantes. Allez voir au Louvre, la *Crucifixion* du Greco. Non seulement les bras du Christ sont anormalement allongés, mais les bras de la croix elle-même ne sont pas normaux. Prenez des verres correcteurs de l'astigmatisme, et le tableau vous apparaîtra parfaitement régulier.

Avant le Dr Béritens, Justi et les critiques allemands avaient pressenti cette explication scientifique de la manière du Greco. Le savant allemand Meïer-Graefe (*Voyage d'Espagne*, Berlin 1910) écrit à propos du maître de Tolède : « L'ellipse paraît avoir été un de ses motifs préférés. Dans la *Résurrection* et le *Baptême*, à Tolède, elle est plus ou moins accusée. Mais dans *la Vierge avec les Saints*, de la chapelle San José à Tolède, non seulement les têtes trahissent cette forme, mais les mouvements décisifs des membres et le contour des corps accusent énergiquement cette ellipse ».

Tout cela nous l'écoutons avec un agréable sentiment de curiosité pour retourner, pour remonter rapidement aux plus hautes interprétations que nous proposent les Henri Collet, les Maurice Legendre. Et cependant pour toujours ces explications physiologiques nous demeureront dans l'esprit et contribueront à nous rendre mieux intelligible et plus émouvant, plus humain le bel artiste légendaire.

*

ÉPITAPHE DE GRECO

AL SEPULCRO DE DOMENICO GRECO, EXCELENTE PINTOR

Esta forma elegante, oh peregrino,
De pórfido luciente dura llave,
El pincel niega al mundo mas suave,
Que dió espíritu al leño, vida al lino.

Su nombre, aún de mayor aliento dino
Que en los clarines de la fama cabe,
El campo ilustra de ese mármol grave:
Venéralo, y prosigue tu camino.

Yace el Griego; heredó naturaleza
Arte, y al arte estudio, Iris colores,
Febo luces, si no sombras Morfeo.

Tanta urna, á pesar de su dureza,
Lágrimas beba y cuantos suda olores,
Corteza funeral de árbol sabeo.

GÓNGORA.

ÉPITAPHE DE GRECO

AU TOMBEAU DU GRAND MAITRE DOMENICO GRECO

O passant, ce beau monument, dure voûte de brillant porphyre, dérobe désormais à l'univers le pinceau le plus doux qui ait fait frémir la vie sur le bois et la toile.

Son nom, digne d'un souffle plus puissant que celui qui remplit le clairon de la Renommée, s'étend et brille sur ce champ de marbre lourd. Révère-le et passe.

Ici gît le Greco. Si l'étude lui livra les secrets de l'art, l'art lui révéla ceux de la nature. Iris lui légua ses couleurs, Phébus sa lumière, sinon Morphée ses ombres.

Que cette urne, écorce funèbre de l'arbre sabéen, boive nos larmes et que, malgré sa dureté, elle en exsude autant d'aromates.

(Traduction Francis de Miomandre.)

TABLE DES MATIÈRES

Cet ouvrage a été achevé d'imprimer par

Plon-Nourrit et Cie,

à Paris, le 5 décembre 1923.

Phot. ANDERSON.

L'ENTERREMENT DU COMTE D'ORGAZ

Phot. Anderso.

L'ENTERREMENT DU COMTE D'ORGAZ (détail)

Phot. ANDERSON.

L'ENTERREMENT DU COMTE D'ORGAZ (détail)

Phot. ANDERSON.

SAINT JEAN L'ÉVANGÉLISTE ET SAINT FRANÇOIS D'ASSISE
(Madrid. — Musée du Prado.

Phot. ANDERSON.

SAINT MAURICE ET LA LÉGION THÉBAINE
(Monastère de l'Escurial.)

Phot. ANDERSON.

SAINT EUGÈNE, ARCHEVÊQUE DE TOLÈDE
(Monastère de l'Escurial.)

Phot. ANDERSON.

LE SONGE DE PHILIPPE II
(Monastère de l'Escurial.)

Phot. ANDERSON.

LA SAINTE TRINITÉ

Madrid. — Musée du Prado.

Phot. Druet.

L'ANNONCIATION
(Paris. — Coll. Ignacio Zuloaga.)

Phot. ANDERSON.

L'HOMME A L'ÉPÉE
(Madrid. — Musée du Prado.)

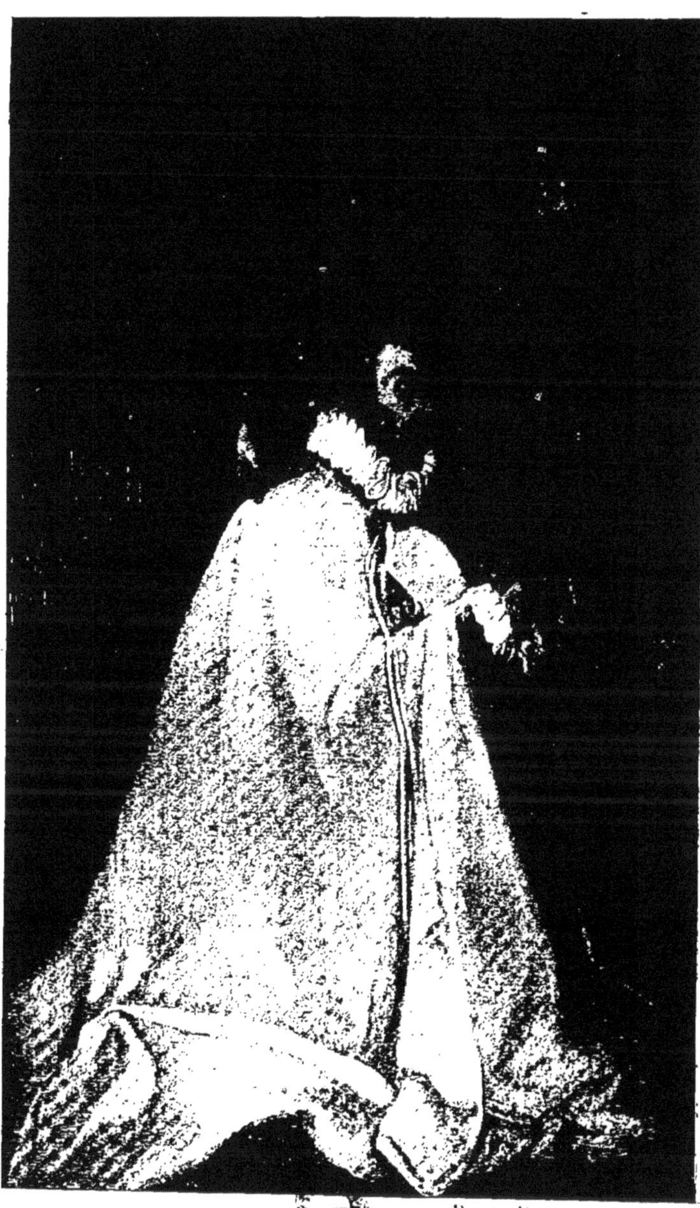

Phot. Durand-Ruel.

LE CAPITAINE JULIAN ROMERO DE LAS AZANAS
ET LE CONNÉTABLE DE BOURBON

Phot. DRUET.

SAINTE MADELEINE
(Paris. — Coll. Ignacio Zulaoga.)

Phot. Anderson

LA RÉSURRECTION DU CHRIST
(Madrid. — Musée du Prado.)

Phot. ANDERSON.

LA PENTECÔTE
Madrid. — Musée du Prado

Phot. Druet.

L'AMOUR PROFANE.

(Paris. — Coll. Ignacio Zulaoga.)

ŒUVRES COMPLÈTES DE M

Édition à tirage limité, dans le format in-
exemplaires sur chine, sur hollande, et 110
pur fil des papeteries Lafuma.

*Souvenirs d'un officier de la Grande A
Barrès, son petit-fils.......................

LE CULTE DU MOI

*Sous l'œil des Barbares. 1 vol.
*Un Homme libre...... —
*Le Jardin de Bérénice. —

LES B

*Au se
magn
*Colett
*Le Gé

LE ROMAN DE L'ÉNERGIE

*Les Déracinés............................
L'Appel au soldat.
Leurs Figures.

CHRONIQUE DE LA GRAN

*I. (1er fév.-4 oct. 1914).
*II. (14 oct.-31 déc. 1914).
*III. (1er janvier-11 mars 1915).
*IV. (12 mars-31 mai 1915).
*V. (1er juin-24 août 1915).
*VI. (25 août-11 déc. 1915).

*VII. (
*VIII. (
*IX. (
*X. (
*XI. (
*XII. (

*Un Jardin sur l'Oronte. 1 vol.
L'Ennemi des lois.... —
*Du Sang, de la Volupté et de la Mort......... 1 vol.
*Amori et Dolori sacrum. —
Les Amitiés françaises.
Scènes et doctrines du nationalisme.
*Le Voyage de Sparte.. 1 vol.

*Greco
Tolèd
*La Col
*Huit jo
nan..
La Gr
Églisc
Les Fa
les de

*Une Enquête aux pays du Levant........

Les volumes précédés d'un astérisque sont en ve

PARIS. — TYP. PLON-NOURRIT ET Cie, 8, RUE (

www.ingramcontent.com/pod-product-compliance
Ingram Content Group UK Ltd.
Pitfield, Milton Keynes, MK11 3LW, UK
UKHW020243180726
13839UKWH00001B/145

9 782329 181615